Italiano più attivo!

Juri Waguri   Eri Nawate   **nuova edizione**

HAKUSUISHA

────── 音声ダウンロード ──────

  この教科書の音源は、白水社ホームページ（www.hakusuisha. co.jp/download/）からダウンロードすることができます （お問い合わせ先：text@hakusuisha.co.jp）。

装幀　　　　　　　　　畑中 猛(ベーシック)
表紙装画・イラスト　　わたなべ まき
ナレーション　　　　　Fabio Salvagno　　Laura Ludergnani　　Ilaria Ichitani
協力　　　　　　　　　牧 みぎわ　　天堀 貴博　　上栗 啓子

はじめに

　あなたはなぜイタリア語を学ぼうと思ったのですか？

　イタリアに行きたい、イタリアの文化に興味があるなど、人によって動機はさまざまでしょう。あるいは、大学や学校の授業で学ぶべき第二外国語としてイタリア語を選んだという人もいるでしょう。いずれにしても、イタリア語を勉強するからにはイタリア語を話せるようになりたいと、多くの人が思っているはずです。

　このテキストは、まったくの初心者でもイタリア語がどんどん話せるようにつくられています。たとえば、第1課 (pp.8-13) を見てください。この最初の課だけで「イタリア語で自己紹介をする」「簡単な買い物や飲み物・食べ物の注文をする」「イタリア人と友達になる」といったことができるようになるのがわかるでしょう。このように実践的な会話例を用いて、初歩的な内容からやや複雑な日常会話表現まで、コミュニケーションを楽しみながら「使えるイタリア語」が身につくようになっているのがこのテキストの特徴です。

　このテキストのタイトル Italiano più attivo は、「よりアクティヴ（活発・能動的）なイタリア語」という意味です。あなたも、よりアクティヴにイタリア語を話してください。きっと、世界がもっともっと広がることでしょう。

　最後に、本書の制作と出版に際し、協力してくださった多くの同僚と友人たちに心からの感謝を捧げます。

2019 年秋　和栗　珠里

暖　絵里

Italia

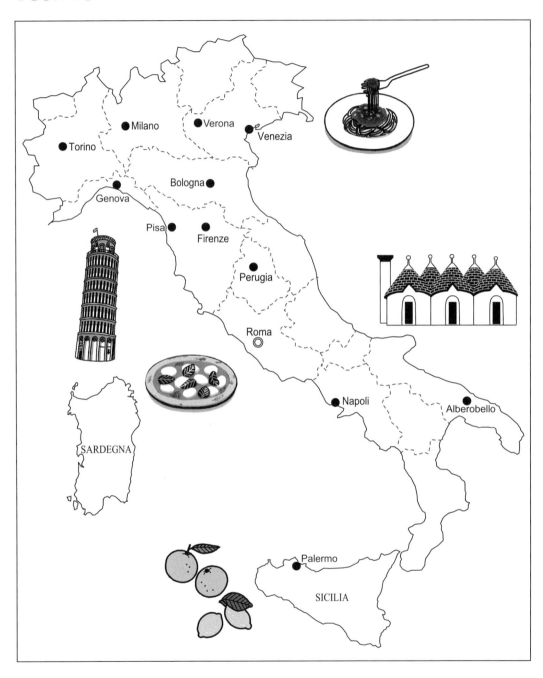

本書の構成と使いかた

　本書は 11 課で構成され、各課が A 課、B 課、練習問題に分かれています。
A 課、B 課は、互いに関連していますが、それぞれが完結しており、ひとつの見開きで、その課で学ぶべきことのすべてが目に入るようになっています。
A 課、B 課は、それぞれ次のような項目で構成されています。

Dialogo　対話

　その課で学ぶべき要素を含んだイタリア語対話。イタリアに語学留学している日本人の女の子 Yuka が Giorgio というイタリア人の男の子と知り合い、だんだん親しくなっていく過程を中心に話が展開していきます。ここでは、いきいきとした会話表現が学べるとともに、イタリア語でストーリーを読むおもしろさも味わうことができます。

🔍 Frasi Chiave　キーフレーズ

　おもに文法的な観点から見た、その課のエッセンス。

🔍 Espressioni Utili　便利な表現

　対話文から抜粋した、覚えておけばすぐに使える便利なひとこと。

📖 Punti & Vocaboli　要点と語彙

　その課の内容に関連した語彙やフレーズ。イタリア語を話す力を伸ばすには、語彙力が鍵となります。ここで表現力の幅を広げてください。

📖 Grammatica　文法

　その課で学ぶべき文法事項の要点。動詞の活用などに関しては、一部書き込み式になっています。

　本書で最も活用していただきたいのは、オーラル・プラクティスに重点を置いた練習問題です。これらの問題は、何度も口頭でドリルしてください。そのため、練習問題のページには、決して答えを書き込まないでください。ゆっくり考えて答えを出して、正解だったらそれで終わり、という学習法では、実践的な語学力は身につきません。何度も繰り返し口に出して練習すれば、次第に口がイタリア語を覚えます。そして、状況に応じたフレーズが自然に口から出てくるようになるのです。とはいえ、総合的な語学力を養うには、書く・読む・聞く学習も必要です。正しい答えを確認するためにも、練習問題の答えは必ずノートに書いておきましょう。

　本書には、簡単な読み物（Leggiamo un po'）、会話練習に使えるメニュー表、用語集（Glossario）もついています。用語集は語句の復習確認に使えるよう、意味を書き込み式にしています。ここには自分で意味を書き入れて、用語集を完成させてください。また、音声（🎧 の印のついているところ）、書き込み式の練習問題ワークシート、基本例文集を白水社のホームページからダウンロードすることができます。これらを大いに活用しながら、楽しくイタリア語を身につけてください。

Indice

Lezione 1 -A

Presentarsi 自己紹介

🎧 02

Buongiorno!

Mi chiamo ....

Sono giapponese.

Sono di ....

Sono studente/ studentessa.

Parlo italiano un po'.

Piacere!

◆下線部に自分の名前と出身地を入れて自己紹介してみましょう。

Proviamo 話してみよう

🎧 03

Cliente :　Scusi! Signore / Signora / Signorina!

Cameriere : Sì?

Cliente :　Questo, per favore!

Cameriere : Basta così?

Cliente :　Sì, basta così, grazie.

Cameriere : Prego.

Cliente :　Grazie. Arrivederci!

◆下線部に次の飲み物・食べ物を入れて言ってみましょう。　🎧 04

un caffè　　　　una birra　　　　un cappuccino

un tiramisù　　　una pizza　　　　un panino

🔑 Frasi Chiave

Mi chiamo Yuka.

Sono giapponese.

Parlo italiano un po'.

💬 Espressioni Utili

Buongiorno!　　　Buonasera!　　　Ciao!　　　Arrivederci!

 **Punti & Vocaboli**

アルファベート

🎧 05

A (a)	**B** (bi)	**C** (ci)	**D** (di)
E (e)	**F** (effe)	**G** (gi)	**H** (acca)
I (i)	**J** (i lunga)	**K** (cappa)	**L** (elle)
M (emme)	**N** (enne)	**O** (o)	**P** (pi)
Q (cu)	**R** (erre)	**S** (esse)	**T** (ti)
U (u)	**V** (vu)	**W** (doppia vu)	**X** (ics)
Y (ipsilon)	**Z** (zeta)		

※ j, k, w, x, y は標準イタリア語では使いません。

◆自分の名前をアルファベートで書いて、イタリア語で言ってみましょう。

例：Yuka Watanabe

Y u k a   W a t a n a b e

ipsilon, u, cappa, a,   doppia vu, a, ti, a, enne, a, bi, e

特殊な綴りと発音

🎧 06

ci, ce (*ci*nese   pia*ce*re)   **gi, ge** (asparagi   *ge*lato)

cia, cio (*cia*o   *cio*ccolata)   **gia, gio** (*gia*pponese   *gio*rno)

chi, che (*chi*amo   ami*che*)   **ghi, ghe** (In*ghi*lterra   porto*ghe*se)

gn (lasa*gn*a   si*gn*ore)   **gli** (fami*gli*a   bi*gli*etto)

sci, sce (*sci*enza   pe*sce*)   **sca, scu, sco** (pe*sca*   *scu*ola   *sco*nto)

アクセントなど

🎧 07

・後ろから2番目の母音にアクセントがくる場合が多いが、3番目もある。

gel*a*to   Mil*a*no   N*a*poli   It*a*lia

・語末にアクセントがある場合は、必ずアクセント記号をつけて書く。

caff*è*   citt*à*   universit*à*

・子音が重なると詰まる音になるが、mmとnnは「ン＋m/n」になる。

pi*zz*a   ca*ppu*ccino   ma*mm*a   pa*nn*acotta

Lezione 1 -B

Il primo incontro 出会い

Yuka : Ciao! **Sei** italiano? 🎧 08

Giorgio : Sì, **sono** italiano. E tu? **Sei** coreana?

Yuka : No, non **sono** coreana. **Sono** giapponese.

Giorgio : Come ti chiami?

Yuka : Mi chiamo Yuka. Piacere! E tu?

Giorgio : Mi chiamo Giorgio. Piacere mio!

　　　　　 Parli italiano molto bene!

Yuka : Grazie!

🔑 Frasi Chiave

Sei italiano?　—Sì, sono italiano. / No, non sono italiano.

Parli italiano?　—Sì, parlo italiano. / No, non parlo italiano.

🔍 Espressioni Utili

Sì. / No.　　　　　　　　　　Sono 〜 . / Non sono 〜 .

Come ti chiami? —Mi chiamo 〜 .

Piacere. —Piacere mio!　　　　E tu?　　　　　　　Grazie!

◆どこの国の人か、聞いてみましょう。また、答えてみましょう。男女に気をつけて!

　Sei italiano?　—Sì, sono italiano.

　　　　　　　　—No, non sono italiano.

◆どのような言葉が話せるか、聞いてみましょう。また、答えてみましょう。

　Parli italiano? —Sì, parlo italiano（un po'）.

　　　　　　　　—No, non parlo italiano.

国名、形容詞 (〜人 / 〜の)、言語 (※言語を意味する場合は男性形)　🎧 09

① 形容詞形が男女同形のもの

国名	〜人 / 〜の / 〜語
Giappone	giapponese
Cina	cinese
Francia	francese
Inghilterra	inglese

② 形容詞形の語尾が男女でかわるもの

国名	〜人 / 〜の / 〜語
Italia	italiano/a
Corea	coreano/a
Spagna	spagnolo/a
Germania	tedesco/a

In ＋ 国名

Siamo *in Giappone*.　　　　Yuka e Satoshi sono *in Italia*.

📖 Grammatica

主語人称代名詞と動詞 essere, parlare の活用 (直説法現在)　🎧 10

	主語	**essere** (〜である)	**parlare** (話す)
私	io	**sono**	**parlo**
君	tu	**sei**	**parli**
彼 / 彼女 / あなた	lui / lei / Lei	**è**	**parla**
私たち	noi	**siamo**	**parliamo**
君たち	voi	**siete**	**parlate**
彼ら / 彼女ら	loro	**sono**	**parlano**

肯定文、否定文、疑問文

Sono giapponese.

Non sono coreana.

Sei italiano? —Sì, sono italiano. / No, non sono italiano.

11

Esercizi Lezione 1

A 日本語を参考にして、イタリア語で自己紹介をしましょう。また、ノートに書きましょう。

> こんにちは。私の名前は .... です。私は .... 人です。 🎧11
> .... の出身です。私は学生です。イタリア語を少し話します。
> よろしく。

B 日本語を参考にして、イタリア語で会話しましょう。下線部を好きな飲み物・食べ物に変えて言ってみましょう。また、ノートに書きましょう。

> 🧑：すみません！お嬢さん！ 🎧12
>
> 🧑：はい？
>
> 🧑：これ、ください！
>
> 🧑：これで十分ですか？
>
> 🧑：はい、これで十分です。ありがとう。
>
> 🧑：どうぞ。
>
> 🧑：ありがとう。さようなら！

C イタリア語の綴りに気をつけて発音しましょう。意味も調べてノートに書きましょう。
🎧13

① scuola   ② chiesa   ③ torre

④ succo   ⑤ zucchero   ⑥ ghiaccio

⑦ Sicilia   ⑧ Sardegna   ⑨ Puglia

⑩ camicia   ⑪ giacca   ⑫ maglietta

D イタリア語の発音を聞き、綴りに注意してノートにイタリア語で書きましょう。
🎧14

①すみません   ②日本人   ③ありがとう

④カプチーノ   ⑤ピザ   ⑥マダム

E 　　**イタリア語で質問して答えましょう。また、ノートに書きましょう。**　　🎧 ⑮

1) 君は日本人なの？

2) 君はイタリア人男性/女性なの？

3) 君は学生/女学生なの？

4) 君は名古屋出身なの？

5) 君はイタリアにいるの？

6) 君の名前は何ていうの？

7) 君はイタリア語を話すの？

8) 君は中国語を話すの？

F 　　**イタリア語で言いましょう。また、ノートに書きましょう。**

　Francescoはイタリア人で、ドイツ人ではありません。しかし (ma)、ドイツ語を少し話します。Chiaraはイタリア人で、スペイン人ではありません。しかし、スペイン語を上手に話します。(彼らは)ローマ出身ですが、イタリアにはいません。(彼らは)日本にいます。

G 　　**日本語を参考にして、イタリア語で会話しましょう。また、ノートに書きましょう。下線部は自由に変えてもかまいません。男性の場合と女性の場合の違いに気をつけましょう。**

：チャオ！ 君はイタリア人？ 　🎧 ⑯

：そう、イタリア人よ。で、君は？ 韓国人？

：いや、韓国人じゃないよ。日本人だよ。

：東京の出身？

：いや、大阪の出身だよ。で、君は？

：ヴェローナ (Verona) 出身よ。君の名前は？

：タケシっていうんだ。よろしくね。で、君は？

：私はマリアっていうの。こちらこそよろしく！
　　　　あなた、イタリア語がとても上手ね。

：ありがとう。

Lezione **2**-A

Al bar バールで

1. *Cameriera :* Buongiorno, signore. Desidera?
   Cliente : Un caffè, per favore.
   Cameriera : Ecco il caffè.
   Cliente : Grazie.
   Cameriera : Prego.

2. *Cameriere :* Buonasera, signorina. Desidera?
   Cliente : Due panini, per favore.
   Cameriere : Ecco i panini.
   Cliente : Grazie.
   Cameriere : Prego.

🔑 Frasi Chiave

Un caffè, per favore! —Ecco il caffè.

Due panini, per favore! —Ecco i panini.

💬 Espressioni Utili

per favore   ecco   Prego.   Desidera?

◆上の Frasi Chiave を参考にして、バールでのやりとりを練習しましょう！ 定冠詞と複数形に気をつけて！

	男性名詞		女性名詞
un / il	panino	una / la	birra
（due）/ i	panini	（due）/ le	birre

男性名詞	女性名詞
caffè	cioccolata
tè	limonata
cappuccino	pizza
gelato	focaccia

Punti & Vocaboli

数詞 0, 1-10

🎧 ⑲

0 zero	**1** uno (un / una)	**2** due	**3** tre	**4** quattro	**5** cinque
	6 sei	**7** sette	**8** otto	**9** nove	**10** dieci

Grammatica

名詞の語尾変化

	単数	複数	例	
男性	**- o**	**- i**	gelat*o*	gelat*i*
	- e	**- i**	cines*e*	cines*i*
女性	**- a**	**- e**	pizz*a*	pizz*e*
	- e	**- i**	chiav*e*	chiav*i*

※注意すべき複数形

① -co, -go, -ca, -ga

     cuo*co* cuo*chi*   la*go* la*ghi*（ただし am*ico* am*ici*）

     cuo*ca* cuo*che*   tartaru*ga* tartaru*ghe*

② -io, -cia, -gia

     nego*zio* nego*zi*   focac*cia* focac*ce*   cilie*gia* cilie*ge*

③ 語尾にアクセントをもつものや外来語は単複同形

     caff*è* caff*è*   film film

不定冠詞、定冠詞

	直後にくる語の語頭の音・綴り	不定冠詞	定冠詞 単数	定冠詞 複数	冠詞つきの例
男性	① 子音（③を除く）	**un**	**il**	**i**	*un* gelato *il* gelato *i* gelati
	② 母音	**un**	**l'**	**gli**	*un* amico *l'*amico *gli* amici
	③ s +子音、z, j, y gn, ps, pn	**uno**	**lo**	**gli**	*uno* spagnolo *lo* spagnolo *gli* spagnoli
女性	① 子音	**una**	**la**	**le**	una pizza *la* pizza *le* pizze
	② 母音	**un'**	**l'**	**le**	*un'*amica *l'*amica *le* amiche

Al negozio お店で

Maria : Yuka, **c'è** un negozio carino qui vicino! 🎧⓴
Andiamo!

Yuka : OK!

Commesso : Buonasera! Desidera?

Maria : Vorrei una camicia **bianca**.

Commesso : Bene! Ecco la camicia **bianca**!

Maria : Posso provare?

Commesso : Sì, certo! ...Com'è?

Maria : È molto **bella**. Quanto costa?

Commesso : Costa **18** euro.

🔑 Frasi Chiave

C'è un negozio carino qui vicino.

Costa 18 (diciotto) euro.

🔍 Espressioni Utili

C'è ~ .	qui vicino	Andiamo!
Vorrei ~	Bene!	Posso provare?
Certo!	Com'è? (= Come è?)	Quanto costa?

いろいろな形容詞　🎧㉑

① 色　　rosso　　azzurro　　verde　　　blu

　　　　bianco　　nero　　　marrone

② 大きさ　grande ⇔ piccolo

③ その他　carino　　bello　　caro

服飾品　🎧㉒

cappotto

gonna

camicia

scarpe

borsa

pantaloni

giacca

cappello

数詞 11-20　🎧㉓

11 undici　**12** dodici　**13** tredici　**14** quattordici　**15** quindici

16 sedici　**17** diciassette　**18** diciotto　**19** diciannove　**20** venti

形容詞の性数変化

	数	男女異形の場合	男女同形の場合
男性	単数	bello*	grande
	複数	belli	grandi
女性	単数	bella	grande
	複数	belle	grandi

*belloは名詞の前では定冠詞に似た語尾変化になる（→*cf.* p.49）。

※ -co → -chi（ただし、-ico の多くは -ci）　-ca → -che

　-go → -ghi　-ga → -ghe　-io → -i などに注意！

17

Esercizi Lezione 2

A 日本語を参考にして、イタリア語で会話しましょう（不定冠詞と定冠詞の違いに注意することと）。さらに、下線部を①〜④に変えて言ってみましょう。

客：　すみません！ カプチーノ1つとピザ1つ、ください！　🎧24

店員：ほら、（その）カプチーノと（その）ピザです。

客：　ありがとう。

店員：どういたしまして。

---

① パニーノ1つとビール1つ

② コーヒー1つとココア1つ

③ カプチーノ4つとピザ6つ

④ パニーノ7つとビール9つ

B 次の各語について、設問に答えましょう。

① libro ② penna ③ dizionario ④ riga

⑤ cellulare ⑥ chiave ⑦ gioco ⑧ amico

⑨ amica ⑩ studente

1) 不定冠詞（ひとつの〜）をつけて言いましょう。意味も考えましょう。

2) 定冠詞（その〜＝英the）をつけて言いましょう。

3) 各語の複数形を言いましょう。また、ノートに書いて語尾の綴りを確認しましょう。
　複数形の定冠詞もつけてみましょう。

4) 下の例を見ながら、下線部に①〜⑥の単語を使って、実際に教室内のものを探して
　相手に差し出しながら会話してみましょう。

例) 🧑 : C'è un libro?　🎧25

🧑 : Sì, c'è. Ecco il libro!（ない場合はNo, non c'è.）

---

5) 上の例を複数形にして、会話してみましょう。また、下線部の単語を変えて言って
　みましょう。

　　　– Ci sono libri?

　　　– Si, ci sono. Ecco i libri! / No, non ci sono.

日本語を参考にして、イタリア語で会話してみましょう。さらに、下線部を①や②に
変えて言ってみましょう。

> 客：　すみません！ 黒のジャケットがほしいのですが。　　　🎧 26
>
> 店員：いいですよ。ほら、(その) 黒いジャケットです。どうですか?
>
> 客：　少し小さいですね。

① 赤いスカート / 大きい

② 白いコート / 小さい

例にならって複数形にし、意味を言ってみましょう。ノートに書いて、変化した部分
を確認しましょう。

例) La borsa è cara. → Le borse sono care.　　それらのかばんは高価だ。

1) Il cappotto è azzurro.

2) La giacca è un po' piccola.

3) Lo spagnolo è carino.

4) L'italiana è bella.

5) L'amico è gentile.

6) C'è la chiave.

　イタリア語で言いましょう。また、ノートに書きましょう。

1) いくらですか?

　　① 15ユーロ　　　　② 19ユーロ　　　　③ 12ユーロ

2) 試してもいいですか?　　—はい、もちろん。

3) この近くにバールはありますか?　　—はい、あります。

　　① ピザ屋 (pizzeria)　　② スーパーマーケット (supermercato)

Lezione **3**-A

All'università 大学で

🎧 ㉗

Giorgio :	Ciao, Yuka! Che cosa fai?
Yuka :	**Studio** l'italiano per un esame importante.
Giorgio :	In bocca al lupo!
Yuka :	Crepi! Sei molto gentile... **Parliamo** un po'?
Giorgio :	Certo, come no! Dove **abiti**?
Yuka :	**Abito** in via Romana. E tu?
Giorgio :	**Abito** in via Maggio, vicino a via Romana.
	Dopo la lezione cosa **fai**?
Yuka :	**Vado** al bar, **lavoro** part-time, poi **torno** a casa, **guardo**
	la TV e **parlo** con Maria.

🔑 Frasi Chiave

Dove abiti? — Abito a Roma.　　Vado al bar.　　Parliamo un po!

🔍 Espressioni Utili

Che cosa fai? (= Cosa fai?)　　In bocca al lupo! — Crepi!

Come no!　　　　　　　　　　dopo 〜　　　　poi

🏷 Punti & Vocaboli

-are 動詞を用いた表現

parlare con un amico/un'amica　友達と話す　　guardare la TV　テレビを観る

lavorare part-time　アルバイトをする　　　　studiare l'italiano　イタリア語を勉強する

mangiare qualcosa　何か食べる　　　　　　　ascoltare la musica　音楽を聴く

giocare a tennis　テニスをする　　　　　　　mandare un'e-mail　eメールを送る

tornare a casa　家に帰る

andare / fare を用いた表現

andare al bar [alla mensa / a Milano]　バール [食堂 / ミラノ] へ行く

fare la spesa　買い物をする　　　　　　fare il bagno　お風呂に入る

 **Grammatica**

規則変化動詞 1 : -are 動詞の活用（直説法現在）　🎧 28

（意味）	abit**are** ( )	parl**are** ( )	guard**are** ( )	lavor**are** ( )
io	abit**o**			
tu	abit**i**			
lui / lei / Lei	abit**a**			
noi	abit**iamo**			
voi	abit**ate**			
loro	abit**ano**			

（意味）	studi**are** ( )	mangi**are** ( )	gioc**are** ( )	pag**are** ( )
io	studi**o**		gioc**o**	
tu	stud**i***		gioc**hi***	
lui / lei / Lei	studi**a**		gioc**a**	
noi	stud**iamo***		gioc**hiamo***	
voi	studi**ate**		gioc**ate**	
loro	studi**ano**		gioc**ano**	

＊は綴りに注意！

不規則変化動詞 andare, fare の活用（直説法現在）　🎧 29

（意味）	**andare** ( )	**fare** ( )
io	**vado**	**faccio**
tu	**vai**	**fai**
lui / lei / Lei	**va**	**fa**
noi	**andiamo**	**facciamo**
voi	**andate**	**fate**
loro	**vanno**	**fanno**

Lezione 3-B

Alla mensa 食堂で

Giorgio :	Ciao Yuka! Che cosa mangi?
Yuka :	Non **ho** fame.
Giorgio :	Io **ho** fame. Quindi mangio un panino!
Giorgio :	Quanti anni **hai**?
Yuka :	**Ho** 18 anni. E tu?
Giorgio :	**Ho** 21 anni. **Hai** fratelli o sorelle?
Yuka :	Sì, **ho** un fratello.
Giorgio :	Quanti anni **ha**?
Yuka :	**Ha** 25 anni. Abita a Tokyo e lavora in una ditta americana. Parla inglese molto bene.
Giorgio :	Allora è bravo! Senti, **hai** tempo domani sera?
Yuka :	Sì. Perché?
Giorgio :	C'è un ristorante carino qui vicino. Mangiamo qualcosa insieme?
Yuka :	Volentieri!

 Frasi Chiave

Ho fame.

Quanti anni hai? — Ho 18 anni

Espressioni Utili

quindi	allora	Senti,	domani
Perché?	insieme	Volentieri!	

Punti & Vocaboli

数詞 (21-29, 30-100)

🎧31

21 ventuno*	**22** ventidue	**23** ventitré	**24** ventiquattro	**25** venticinque
26 ventisei	**27** ventisette	**28** ventotto*	**29** ventinove	
30 trenta	**40** quaranta	**50** cinquanta	**60** sessanta	
70 settanta	**80** ottanta	**90** novanta	**100** cento	

＊venti の i がなくなることに注意。

avere を用いた表現

avere 18 anni　18歳である

avere fame　空腹である

avere caldo　暑い・暖かい

avere tempo　時間がある

avere sonno　眠い

avere sete　のどが渇いている

avere freddo　寒い

avere fretta　急いでいる

avere un fratello / una sorella　兄弟 / 姉妹が一人いる

avere mal di testa / stomaco / denti　頭 / おなか / 歯が痛い

Grammatica

不規則変化動詞 avere の活用（直説法現在）

🎧32

(意味)	avere ( )
io	**ho**
tu	**hai**
lui / lei / Lei	**ha**
noi	**abbiamo**
voi	**avete**
loro	**hanno**

◆ 兄弟や姉妹がいるか、質問して、答えましょう。

Hai fratelli o sorelle?

— Sì, ho un fratello / una sorella.

— Sì, ho due fratelli / due sorelle.

— Sì, ho un fratello e due sorelle.

— No. Sono figlio unico / figlia unica.

Esercizi Lezione 3

A　イタリア語で質問して答えましょう。また、ノートに書きましょう。　🎧 ③③

1)（君は）どこに住んでいるの？

2)（君は）何語（Che lingue）を話すの？

3)（君は）文学（letteratura）を勉強しているの？

4)（君は）何を食べるの？

5)（君は）アルバイトをしているの？

6)（君は）今晩（stasera）テレビを見るの？

7)（君は）授業のあと、どこへ行くの？

B　（　）の動詞を適切な現在形に活用させて下線部に入れ、文の意味を言いましょう。

1) Voi .... la musica?（ascoltare）

2) Maria .... a tennis molto bene.（giocare）

3) Questa volta .... io, ma la prossima volta .... tu.（pagare）

　　　　　　　　　　　　　　　※questa volta: 今回　/　la prossima volta: 次回

4) Luca e Paolo .... a casa subito.（tornare）

5) Io e Lorenzo .... in tempo.（arrivare）

6) Mia madre .... la giacca rossa per me.（comprare）

C　日本語を参考にして、イタリア語で会話しましょう。また、ノートに書きましょう。
さらに、自分が授業のあとに何をするか言い、書きましょう（5つ以上の動作）。

> 🎧 ③④
>
> ：授業のあと、君は何をするの？
>
> ：神戸へ行って、買い物をして（fare spese）、家に帰るよ。何か食べて、テレビ
> を見るよ。君は？
>
> ：家に帰って、試験のためにイタリア語の勉強をするよ。
>
> ：がんばってね。
>
> ：がんばるよ！

D イタリア語で質問して答えましょう。また、ノートに書きましょう。　🎧㉟

1）（君は）暑い？寒い？

2）（君は）お腹がすいた？　のどが渇いた？

3）（君は）何歳？

4）（君は）兄弟か姉妹はいるの？

5）君のお父さん（tuo padre）は何歳なの？

6）君のお母さん（tua madre）は何歳なの？

E イタリア語を訳しましょう。また、自分の家族の紹介を口頭で言い、さらにノートに書きましょう。

Mio padre ha cinquantadue anni. È impiegato e lavora in ditta. Mangia tanto.

Mia madre ha quarantanove anni. È casalinga e cucina molto bene.

Mia sorella ha trentadue anni. È commessa e canta bene.

Mio fratello ha ventun'anni. È studente e gioca a calcio.

F 日本語を参考にして、イタリア語で会話しましょう。また、ノートに書きましょう。

> ：君のお姉さんは何歳？　🎧㊱
>
> ：32歳だよ。Milanoで働いてるんだ。
>
> ：（彼女は）イタリア語を話すの？
>
> ：うん、上手に話すよ。
>
> ：じゃあ、優秀なんだね！
>
> ：で、君のお兄さんは？
>
> ：24歳で、学生なの。京都で法学（legge）を勉強してる。
>
> ：彼も（anche lui）優秀なんだね。ねえ、僕はお腹がすいたな。一緒に何か食べようか？
>
> ：よろこんで！　（私たちは）何を食べる？
>
> ：（僕たちは）ピザを食べようか？
>
> ：OK！

Lezione 4-A

Con un'amica 女友達と

A mezzogiorno Yuka **sta** alla mensa e **scrive** un'e-mail. 🎧 ㊲

Maria : Ciao! Yuka! Come **stai**?

Yuka : Bene, grazie. E tu?

Maria : Molto bene! Che cosa fai?

Yuka : **Scrivo** un'e-mail a mio fratello.

Maria : Ah, sì? Senti, dopo la lezione hai tempo?
      Vediamo il nuovo film americano? È molto interessante.

Yuka : Scusa! Stasera ho un appuntamento con Giorgio.
      Mangiamo insieme al ristorante.

Maria : Che bello! Lui è un ragazzo gentile e simpatico!
      Allora io torno a casa e **leggo** un po' una rivista.
      Ciao!

🔑 Frasi Chiave

Scrivo un'e-mail a mio fratello.

Vediamo il nuovo film americano?

🔍 Espressioni Utili

Come stai? — Bene, grazie.   Scusa!

📇 Punti & Vocaboli

感嘆文 〈Che 〜 !〉

Che bello!   なんて素敵! / なんて美しい!

Che bravo!   Che carino!   Che buono!

Che gentile!   Che caldo!   Che freddo!

※形容詞の語尾は変化することに注意!

Come stai（sta）？

— Molto bene, grazie!

Benissimo.	Sto male.	Non c'è male.
Abbastanza bene.	Così così.	Non molto bene.

※ Come sta? は敬語表現で、Lei が主語（活用などは lei に準ずる）。

-ere 動詞を用いた表現

prendere un caffè　コーヒーを飲む　　　　prendere il treno　電車に乗る

chiudere la finestra　窓を閉める　　　　leggere un libro　本を読む

vedere un film　映画を見る　　　　vedere gli amici　友達に会う

vivere da solo/a　一人暮らしをする　　　　scrivere un messaggio　メッセージを書く

Grammatica

規則変化動詞2：-ere 動詞の活用（直説法現在）　🎧 ㊳

	prend**ere** ( )	chiudere ( )	scrivere ( )	vedere ( )
（意味）				
io	prend**o**			
tu	prend**i**			
lui / lei / Lei	prend**e**			
noi	prend**iamo**			
voi	prend**ete**			
loro	prend**ono**			

不規則変化動詞 stare の活用
（直説法現在）

	conoscere* ( )	leggere* ( )
（意味）		
io		
tu		
lui / lei / Lei		
noi		
voi		
loro		

stare ( )
sto
stai
sta
stiamo
state
stanno

＊は活用形の発音に注意！

Lezione 4-B

Al ristorante レストランで

Yuka e Giorgio sono al ristorante «Angelico». 🎧 39

Yuka : Che bello! È la prima volta che mangio **al** ristorante qui
a Firenze.

Giorgio : È il **mio** ristorante preferito!
Ho proprio fame! Che cosa mangiamo?

Yuka : Per primo vorrei gli spaghetti **alle** vongole. E tu?

Giorgio : Io prendo i bucatini **alla** carbonara.
Per antipasto e per secondo cosa facciamo?
Prendiamo un piatto e dividiamo?

Yuka : Sì, facciamo così. Non mangio tanto... Io non conosco
bene i piatti italiani, quindi decidi tu, per piacere!

Giorgio : Allora, per antipasto prendiamo i crostini **alla** toscana,
e per secondo certamente la bistecca **alla** fiorentina.
Sono i piatti tipici **della** zona.

Yuka : Uhmm! Non vedo l'ora!

🔑 Frasi Chiave

Che cosa prendi? — Prendo gli spaghetti alle vongole.

🔍 Espressioni Utili

È la prima volta che ~	proprio	per antipasto / primo / secondo
Cosa facciamo?	Facciamo così.	per piacere (= per favore)
certamente	Non vedo l'ora!	

イタリア料理 (*cf.* p.79)

antipasto ·························· i crostini alla toscana, ecc.

primo piatto ··················· gli spaghetti alle vongole, ecc.

secondo piatto ············· la bistecca alla fiorentina, ecc.

dolce (dessert)·············· il tiramisù, ecc.

Grammatica

冠詞前置詞1：前置詞と定冠詞の結合形

	il	la	i	le	l'	lo	gli
a (＝英atなど) di (＝英of) in (＝英in)	al del nel	alla della nella	ai dei nei	alle delle nelle	all' dell' nell'	allo dello nello	agli degli negli

所有形容詞

	私の	君の	彼(女)の/あなたの	私たちの	君たちの	彼(女)らの
男性単数	mio	tuo	suo / Suo	nostro	vostro	loro
男性複数	miei	tuoi	suoi / Suoi	nostri	vostri	loro
女性単数	mia	tua	sua / Sua	nostra	vostra	loro
女性複数	mie	tue	sue / Sue	nostre	vostre	loro

◆所有形容詞は、原則として定冠詞を伴う。*il* mio amico   *la* tua amica

　　例外 ① 親族名詞の単数・単独の場合は無冠詞（loroを除く）

　　　　　mio padre　　　mia madre

　　　　　※親族名詞でも複数の場合は定冠詞が必要

　　　　　i miei fratelli　　*le* tue sorelle

　　　②多数のうちのひとつの場合は不定冠詞

　　　　　un mio libro　　*una* mia amica

　　　③慣用的に無冠詞にする表現

　　　　　a casa mia

Esercizi Lezione 4

A 日本語を参考にして、イタリア語で会話しましょう。また、ノートに書きましょう。

> ：チャオ、..................！調子はどう？ 🎧 40
>
> ：いいよ。ありがとう！君は？
>
> ：とてもいいよ。ありがとう。

> ：こんにちは、お嬢さん。ごきげんいかがですか？ 🎧 41
>
> ：いいです。ありがとう。あなたは？
>
> ：とてもいいです。ありがとう。

B イタリア語で質問して答えましょう。また、ノートに書きましょう。さらに、敬語表現でも質問してみましょう。 🎧 42

1) のどが渇いている？ 何を飲む？

2) 毎日（ogni giorno）電車に乗る？

3) たくさんのメール（tante e-mail）を書く？

4) 本をたくさん読む？

5) 一人で暮らしているの？

6) 授業のあと、友達（複数）に会う？

C （　）の動詞を適切な現在形に活用させて下線部に入れ、文の意味を言いましょう。

1) Voi .... la rivista di moda?（leggere）

2) Guido, ... la finestra!（chiudere）

3) Gli studenti .... le cartoline.（scrivere）

4) Che cosa .... loro?（fare）

   — .... un film italiano.（vedere）

5) Io e Paolo .... insieme a Roma.（vivere）

6) Come .... i tuoi genitori?（stare）

定冠詞と前置詞を結合させて、次の文を完成させ、意味も言いましょう。

1) Mangiamo il risotto（a + i）funghi（a + il）ristorante italiano.

2) Valeria, prendi un cappuccino（a + il）bar?

3) Ci sono tanti soldi（in + il）portafoglio.

4) Che cosa c'è（in + la）borsa? — C'è la chiave（di + la）camera.

5) Arrivate（a + la）stazione（a + le）11?

6) Di chi è questa penna? — È（di + il）professore.

E 身の回りの品物を指差し、「私の〜」「君の〜」「彼（女）の〜」と言いましょう。また、ノートに書きましょう。さらに、複数形も言い、書きましょう。

1) 本　　　　　　2) ノート（quaderno）　　　3) ペン　　　　4) 鍵

5) 携帯電話　　　6) 消しゴム（gomma）　　　7) カバン　　　8) 辞書

F イタリア語で質問して答えましょう。また、ノートに書きましょう。　🎧43

1) イタリアレストランで何を食べる？

2) バールで何を飲む？

3) 大学で何を勉強してるの？

4) どこで君の友達に会うの？

5) 君のカバンの中には何が入っているの？

G 日本語を参考にして、イタリア語で会話しましょう。また、ノートに書きましょう。

> 👩：授業のあと、時間ある？映画を観ようよ！　🎧44
>
> 👩：ごめんなさい。私の友達たちと約束があるの。私たちはバールでコーヒーを飲んで、イタリアレストランでボンゴレ・スパゲッティを食べるの。
>
> 👨：じゃ、僕は電車に乗って、家に帰るよ。メールを書いて、一人で映画をみるよ。

Leggiamo un po'

1. Bar

Il bar è una cosa essenziale nella vita degli italiani. In Italia c'è un bar in ogni angolo della città e la gente va al bar ogni giorno e più volte al giorno[1].

Il motivo per andarci[2] non è uno solo; certamente per prendere un buon caffè, ma anche per chiacchierare con gli amici, per fare colazione o pranzo in fretta, per rilassarsi, ecc[3].

1) al giorno：1日につき　　2) andarci = andare + ci（そこ）　　3) ecc. = eccetera

　バールはカフェ（喫茶店）のようなものですが、カウンターだけの小さな店からテーブル席がたくさんある大きな店まで、規模もスタイルもさまざまです。駅や空港には必ずバールがあります。また、広場にもたいていバールがあり、外のテーブル席でくつろぐ人々は街角の風景の一部にさえなっています。

　バールのメニューには、いろいろな飲み物や軽食がありますが、最もよく注文されるものはコーヒーです。イタリアでコーヒー（caffè）と言えば、基本的にエスプレッソ（espresso）を指します。濃くて香りの高いコーヒーで、小さなカップで提供されます。これに少量のミルクを加えるとカフェ・マッキアート（caffè macchiato）、たっぷりのミルクを入れるとカフェラッテ（caffelatte）、蒸気で泡立てたミルクをのせるとカプチーノ（cappuccino）になります。これらのコーヒーメニューは日本でもすっかりおなじみになっていますが、みなイタリアが発祥地なのです。

2. La cucina italiana

Gli italiani hanno grande passione per mangiare e la cucina italiana è molto ricca di varietà. Nelle zone costiere si mangiano[1] vari pesci e frutti di mare. Per esempio, il risotto al nero di seppia[2] è un piatto tipico di Venezia. Nelle regioni interne, invece, si mangia[1] soprattutto carne, come[3] la famosa bistecca alla fiorentina.

1) si mangiano / si mangia：食べられる（si＋3人称が受け身の意味になる場合がある）

2) nero di seppia：イカ墨　　3) come：〜のような

　イタリア料理と聞けばスパゲッティやピッツァが真っ先に思い浮かぶかもしれませんが、実に多くのバリエーションがあり、地域ごとの特色も多種多様です。しかし、ひとつの大きな共通点があります。それは、素材の味を活かしたシンプルな味付けであること。イタリア料理が世界中で誰からも愛されているのは、そのためかもしれません。

　イタリア料理をフルコースで食べる場合、前菜（antipasto）、第一の皿（primo piatto）、第二の皿（secondo piatto）、デザート（dolce）の順になります。第一の皿はパスタやスープ、第二の皿は肉または魚のメインディッシュで、それに野菜の付け合わせ（contorno）をとることもあります。しかし、あまり格式張らないのがイタリア流。そのときの気分やおなかの空き具合によって途中で省略しても大丈夫です。

Lezione 5-A

Giorgio : Senti, **che ore sono**? 🎧45

Yuka : **Sono le undici e mezza.**

Giorgio : **A che ora** comincia la lezione d'italiano?

Yuka : Comincia **all'una e venti.**

Giorgio : Da quanto tempo studi l'italiano?

Yuka : Studio l'italiano da un anno e 6 mesi.

Giorgio : Dunque stasera cosa fai?

Yuka : Lavoro part-time in un negozio di abbigliamento.

Giorgio : Dopo il lavoro **a che ora** arrivi a casa di solito?

Yuka : Arrivo a casa **alle dieci** di sera.

Giorgio : Mamma mia! Arrivi tardi!

🔑 Frasi Chiave

Che ore sono?（Che ora è?）— Sono le undici e mezzo.

A che ora comincia la lezione? — Comincia all'una e venti.

🔍 Espressioni Utili

Da quanto tempo ～ ?（da + 時間）   Dunque   di solito

Mamma mia!   tardi

34

Punti & Vocaboli

時刻の聞きかた

Che ore sono?（Che ora è?）　　「何時ですか？」

A che ora ～ ?　　　　　　　　「何時に～？」

時刻の言いかた

	「～時（～分）です」	「～時（～分）に」
1.00	È l'una.	all'una
2.00	Sono le due.	alle due
2.10	Sono le due e dieci.	alle due e dieci
2.15	Sono le due e un quarto.	alle due e un quarto
2.30	Sono le due e mezza（o）.	alle due e mezza（o）
2.45	Sono le due e tre quarti.	alle due e tre quarti
2.55	Sono le tre meno cinque.	alle tre meno cinque
12.00	È mezzogiorno.	a mezzogiorno
0.00	È mezzanotte.	a mezzanotte

時をあらわす表現　　🎧 46

今日	oggi
明日	domani
昨日	ieri

日	giorno
週	settimana
月	mese
年	anno

朝	mattina
午後	pomeriggio
晩	sera
夜	notte

今朝	stamattina
今晩	stasera
今夜	stanotte

Lezione 5-B

Il programma del viaggio 旅行の計画

Yuka : Ciao, Maria! Domani vado a Venezia in treno. 🎧47

Maria : Che bello! A che ora **parte** il treno?

Yuka : **Parte** alle sette e mezza e arriva a Venezia alle dieci e un quarto. **Dormo** a Venezia per 2 notti.

Maria : Dove **dormi**? In hotel?

Yuka : No, da un amico.

Maria : Un amico? Chi è?

Yuka : È un ragazzo svizzero. Si chiama Pierre.
Siamo amici da 3 anni. Adesso abita a Venezia da 5 mesi con sua sorella. Studia la lavorazione del vetro veneziano.

Maria : Chi **preferisci**, Pierre o Giorgio?

Yuka : Ma dai! Per me sono tutti e due amici!

🔑 Frasi Chiave

A che ora parte il treno? — Parte alle sette.

Chi preferisci, Pierre o Giorgio?

💬 Espressioni Utili

da un amico　(da + 人)

si chiama ～　(*cf.* mi chiamo / ti chiami)

Ma dai!

tutti e due / tutte e due

Chi è?

Chi preferisci? / Quale preferisci?

per me

交通手段 〈in + 乗り物〉

in treno　電車で

in autobus　バスで

in metro（< metropolitana）　地下鉄で

in macchina　車で

in moto（< motocicletta）　バイクで

in bicicletta　自転車で

in aereo　飛行機で

a piedi　徒歩で

-ire動詞を用いた表現

partire per 〜　〜へ出発する

aprire la finestra　窓を開ける

pulire la camera　部屋を掃除する

sentire un rumore　物音を聞く

📖 **Grammatica**

規則変化動詞3-①：-ire動詞（標準型）の活用（直説法現在）　🎧48

（意味）	part**ire**（　　　）	dormire（　　　）	sentire（　　　）	aprire（　　　）
io	part**o**			
tu	part**i**			
lui / lei / Lei	part**e**			
noi	part**iamo**			
voi	part**ite**			
loro	part**ono**			

規則変化動詞3-②：-ire動詞（-isco型）の活用（直説法現在）

（意味）	prefer**ire**（　　　）	finire（　　　）	capire（　　　）	pulire（　　　）
io	prefer**isco**			
tu	prefer**isci**			
lui / lei / Lei	prefer**isce**			
noi	prefer**iamo**＊			
voi	prefer**ite**＊			
loro	prefer**iscono**			

＊標準型と同じであることに注意！

Esercizi Lezione 5

A イタリア語で質問して答えましょう。また、ノートに書きましょう。 🎧 49

1) （いま）何時？

① 2.10　　② 5.05　　③ 1.30　　④ 8.15

⑤ 3.40　　⑥ 10.38　　⑦ 15.45　　⑧ 0.00 a.m.

2) 授業は何時に始まるの？

① 9.30 a.m.　　② 11.00 a.m.　　③ 1.20 p.m.

3) ふだん、何時に家に着くの？

4) どのくらい前からイタリア語を勉強しているの？

B 日本語を参考にして、イタリア語で会話しましょう。また、ノートに書きましょう。

🎧 50

　：今日、何をするの？

　：大阪に行って、アルバイトをするよ。

　：仕事は何時に始まるの？

　：午後の1時20分に始まるよ。

　：どれくらい前から働いているの？

　：働いて3ヶ月になるよ。

C イタリア語で質問して答えましょう。また、ノートに書きましょう。 🎧 51

1) ピザとスパゲッティでは、どっちが好き？

2) コーヒーと紅茶では、どっちが好き？

3) サッカー (il calcio) と野球 (il baseball) では、どっちが好き？

4) イタリア語と英語では、どっちが好き？

5) 眠ることと食べることでは、どっちが好き？

6) 勉強することと働くことでは、どっちが好き？

D　イタリア語で質問して答えましょう。また、ノートに書きましょう。　🎧52

1) 銀行は何時に開くの？ 何時に閉まるの？

2) 授業は何時に終わるの？

3) ふだん、何時間眠る？

4) 授業をよく理解している？

5) どうやって大学へ行くの？

E　（　　）の動詞を適切な現在形に活用させて下線部に入れ、文の意味を言いましょう。

Questo weekend（io-andare）........................ a Kyoto con i miei amici italiani.
（Loro-capire）........................ bene il giapponese.（Noi-partire）........................ per
Kyoto in treno, ma quando（noi-arrivare）........................ a Kyoto,（noi-prendere）
.... una bici e（noi-fare）........................ un giro.（Noi-visitare）
.... tanti templi*. I templi（aprire）........................ alle 9 di mattina.

*templi : tempio の複数形

F　自分の週末の行動を言いましょう（5つ以上の動作）。また、ノートに書きましょう。

G　日本語を参考にして、イタリア語で会話しましょう。また、ノートに書きましょう。

：ねぇ、（いま）何時？　🎧53

：3時半だよ。どうして？

：5時に神戸で（女の）友達に会うの。電車が4時15分に出発するの。

：（君たちは）何をするの？

：（私たちは）映画を見るの。

：映画は何時に終わるの？

：8時に終わるわ。

：それで、（君は）何時に家に帰るの？

：今晩は家には帰らないの。彼女のところに泊まるから。

Lezione 6-A

Al telefono 電話で

🎧 54

Pierre :   Pronto?

Yuka :   Pronto, Pierre! **Mi** senti?

Pierre :   Oh, ciao, Yuka! **Ti** sento benissimo!

                 Adesso dove sei?

Yuka :   Sono alla stazione Santa Lucia! Dove **ci** vediamo?

Pierre :   **Ci** vediamo in piazza San Marco alle 11.30.

                 La conosci, vero?

Yuka :   Certo, **la** conosco.

Pierre :   Prendi il vaporetto perché è veloce.

                 Ah no! Oggi è **sabato**! C'è tanta gente, no?

Yuka :   Eh, sì. Abbastanza.

Pierre :   Allora è meglio camminare! **Mi** aspetti alla stazione?

Yuka :   Va bene! **Ti** aspetto qui. A più tardi!

🔑 Frasi Chiave

Mi senti? — Sì, ti sento benissimo.

Oggi è sabato.

🔍 Espressioni Utili

Pronto!	adesso	Dove sei?	ci vediamo	～, vero?
～, no?	Abbastanza	È meglio ～	Va bene!	A più tardi!

Punti & Vocaboli

曜日と季節

月曜	lunedì
火曜	martedì
水曜	mercoledì
木曜	giovedì
金曜	venerdì
土曜	sabato
日曜	domenica

春	primavera
夏	estate
秋	autunno
冬	inverno

Grammatica

人称代名詞

1・2人称	私	君	私たち	君たち
主格（〜は）	io	tu	noi	voi
直接目的形（〜を）	**mi**	**ti**	**ci**	**vi**
間接目的形（〜に）	**mi**	**ti**	**ci**	**vi**
強勢形	**me**	**te**	noi	voi

3人称	彼（それ*）	彼女/あなた（それ*）	彼ら（それら*）	彼女ら（それら*）
主格（〜は）	lui	lei / Lei	loro	loro
直接目的形（〜を）	**lo**	**la / La**	**li**	**le**
間接目的形（〜に）	**gli**	**le / Le**	**gli**	**gli**
強勢形	lui	lei / Lei	loro	loro

＊ものを指すのは目的形の場合のみ。主格と強勢形は人にしか用いない。

◆ 直接・間接目的形は**活用している**動詞の**直前**に置かれる（動詞の原形とともに用いられる場合は、動詞の語尾に接続する）。

    Non *ti* sento bene.   *La* conosco.

◆ 強勢形は、前置詞の後ろや、目的語を強調して動詞の後ろに置く場合に用いる。

非人称構文〈È ＋ 形容詞 ＋ 動詞の原形（不定法）〉「〜するのは…だ」

    È meglio camminare.   歩いたほうがいい。

    È importante studiare bene.   よく勉強することが大切だ。

Rincontro 再会

🎧 56

Yuka :	Pierre!
Pierre :	Yuka! È da tanto che non ci vediamo! Come stai?
Yuka :	Molto bene, grazie! Ecco il regalo per te!
	Buon compleanno!
Pierre :	Grazie!
Yuka :	**Sai** che cos'è?
Pierre :	Non lo **so**.
Yuka :	**Ti piace** la torta di mele, no?
Pierre :	Sì, **mi piace** moltissimo! Oh, Yuka, sei troppo gentile!
	E quando è il tuo compleanno?
Yuka :	**È il 14 ottobre**.
Pierre :	Ma adesso quanti anni hai?
Yuka :	È un segreto!
Pierre :	**Dai**!
Yuka :	A proposito, **mi interessa** l'arte.
	Perché non andiamo al museo subito?

🔑 Frasi Chiave

Ti piace la torta? — Sì, mi piace moltissimo.

Quando è il tuo compleanno? — È il 14 ottobre.

🔍 Espressioni Utili

È da tanto che non ci vediamo.

Buon compleanno!	Non lo so.	troppo	Dai!
a proposito	Perché non ~ ?	subito	

月の名前

🎧 ⑤⑦

1月	gennaio	2月	febbraio	3月	marzo	4月	aprile
5月	maggio	6月	giugno	7月	luglio	8月	agosto
9月	settembre	10月	ottobre	11月	novembre	12月	dicembre

日付の言いかた　il(l') + 日 + 月（+年）　※1日の場合のみ、基数ではなくprimoを使う。

il quattordici ottobre	10月14日
il primo gennaio	1月1日
l'otto marzo	3月8日
l'undici agosto	8月11日

「〜が好きだ」（間接目的＋piacere＋主語）

Mi piace + 単数 / Mi piacciono + 複数　　私は〜が好きだ

　（= A me piace / piacciono 〜）

Ti piace + 単数 / Ti piacciono + 複数　　君は〜が好きだ

　（= A te piace / piacciono 〜）

「〜に興味がある」（間接目的＋interessare＋主語）

Mi interessa + 単数 / Mi interessano + 複数　　私は〜に興味がある

📖 Grammatica

🎧 ⑤⑧

不規則変化動詞 sapere, dare の活用（直説法現在）

	sapere	dare
（意味）	(　　　　　)	(　　　　　)
io	so	do
tu	sai	dai
lui / lei / Lei	sa	dà
noi	sappiamo	diamo
voi	sapete	date
loro	sanno	danno

A イタリア語で質問して答えましょう。また、ノートに書きましょう。 🎧 59

「～を知ってる？」 「うん、彼［彼女／それ］を知ってるよ」

「いや、彼［彼女／それ］は知らないよ」

1) Leonardo da Vinci　　　2) Madonna　　　　　3) i Beatles

4) il Colosseo　　　　　　5) le opere di Michelangelo

B 日本語と同じ意味になるように、（　　）に目的語代名詞を入れましょう。

1) どこで、マルコに会うの？　― 彼に1時に駅で会うよ。

　　Dove vedi Marco?　―（　　　　　）vedo alla stazione all'una.

2) 私はフィレンツェ風ステーキにする。君もそれにする？

　　Io prendo la bistecca alla fiorentina. （　　　　　）prendi anche tu?

3) 靴をどこで買うの？　―ミラノで（それらを）買うよ。

　　Dove compri le scarpe?　―（　　　　　）compro a Milano.

4) いつ宿題をするの？　― 今晩（それらを）するよ。

　　Quando fai i compiti?　―（　　　　　）faccio stasera.

5) 私のこと愛してる？　―うん、（君を）心から愛しているよ。

　　（　　　　　）ami?　― Sì, （　　　　　）amo con tutto il cuore.

C イタリア語で質問して答えましょう。また、ノートに書きましょう。 🎧 60

1) マルコ・ポーロ（Marco Polo）を知ってる？

2) スパゲッティを食べる？

3) 秋に（in autunno）靴を買う？

4) 私（の声）が聞こえる？

5) いつ君の友達に会うの？

6) いつイタリア語を勉強するの？

7) 月曜の晩は何をするの？

イタリア語で質問して答えましょう。また、ノートに書きましょう。 🎧61

1)「～は好き？」 「うん、（とても/少し）好き」「いや、（あまり）好きじゃない」

    ① コーヒー   ② ピザ   ③ スパゲッティ

    ④ 温泉 (le terme)   ⑤ 勉強すること   ⑥ 食べること

2)「～に興味ある？」 「うん、（とても/少し）興味ある」「いや、（あまり）興味ない」

    ① サッカー   ② 文学   ③ イタリア映画（複数）

E **イタリア語で質問して答えましょう。また、ノートに書きましょう。** 🎧62

1) どの食べ物 (quale cibo) が好き？

2) どのスポーツ (sport) が好き？

3) どの歌手 (cantante) が好き？

4) 何に興味がある？

5) 君の誕生日はいつ？

6) 今日は何日 (che giorno) ですか？

7) クリスマス (Natale) は何日ですか？

F **日本語を参考にして、イタリア語で会話しましょう。また、ノートに書きましょう。**

  👤：もしもし、私（の声）が聞こえる？   🎧63

  👤：うん、よく聞こえるよ。

  👤：今日は何日か知っている？

  👤：5月18日だよ。

  👤：今日は私の誕生日なの。

  👤：じゃ、君にプレゼントをするよ (dare un regalo)。

  👤：ありがとう。あなたはとても優しいのね。

  👤：今晩、それを一緒に買って、何か食べよう。

      君は何が好き？

  👤：私はピザが好きよ。

  👤：いいよ。それを食べよう！

Il programma di domani 明日の計画

Pierre : Che cosa **vuoi** fare domani? 🎧 64

Yuka : **Voglio** andare a Murano e vedere come fai il vetro
veneziano!

Pierre : Buon'idea! Allora andiamo alla mia bottega, così **puoi**
vedere il mio lavoro.

Yuka : Magari!

Pierre : Poi forse **ti posso** presentare il mio maestro Marco.
Lui è molto aperto e simpatico!
Canta sempre quando lavora, **sa** cantare molto bene!

Yuka : Allora **voglio** conoscer**lo** e ascoltare le sue canzoni.

Pierre : Certo! Ma ora **dobbiamo** tornare a casa.
È già tardi!

Yuka : È vero!! Sono le dieci e mezza! Torniamo!

🔑 **Frasi Chiave**

Che cosa vuoi fare domani? — Voglio andare a Murano.

🔍 **Espressioni Utili**

Buon'idea!	così	magari	forse
sempre	quando	È vero!	già

Punti & Vocaboli

場所と前置詞「〜へ／〜で／〜に」

a	casa 家	scuola 学校	Roma 都市・街区名	letto ベッド
al	bar バール mare 海	ristorante レストラン concerto コンサート	cinema 映画館 supermercato スーパー	
alla	stazione 駅	mensa 学生食堂	fermata 停留所	
all'	università 大学	estero 外国	aeroporto 空港	
in	ufficio オフィス pizzeria ピザ屋 Italia 国名	montagna 山 biblioteca 図書館 Sicilia 地域名	centro チェントロ campagna 田舎 farmacia 薬局	
da+人	da me 私のところ	dal medico 医者	da Marco マルコのところ	

Grammatica

補助動詞の活用（直説法現在） 🎧 65

（意味）	volere ( )	potere ( )	dovere ( )	sapere ( )
io	**voglio**	**posso**	**devo**	so
tu	**vuoi**	**puoi**	**devi**	sai
lui / lei / Lei	**vuole**	**può**	**deve**	sa
noi	**vogliamo**	**possiamo**	**dobbiamo**	sappiamo
voi	**volete**	**potete**	**dovete**	sapete
loro	**vogliono**	**possono**	**devono**	sanno

※あとに続く動詞は原形

動詞の原形（不定詞）とともに用いられる目的語代名詞

◆動詞原形の語尾の-eをとって接続する。使役構文や補助動詞構文の場合は、目的語代名詞を活用動詞の前におくこともできる。

Posso presentar*ti* il mio maestro.（= *Ti* posso presentare il mio maestro.）

Voglio veder*lo*.（= *Lo* voglio vedere.）

Lezione 7-B

Una bella giornata 素敵な一日

🎧 66

Pierre e Yuka prendono il vaporetto e vanno all'isola di Murano.

Pierre :   Sei pronta? **Usciamo**?

Yuka :   **Vengo** subito! Eccomi qua! Ma come andiamo a Murano?

Pierre :   **Ci** andiamo con il vaporetto.

               Tu **rimani** qui, io vado a vedere l'orario.

Pierre :   **Viene** fra poco.

Yuka :   Meno male!

Pierre :   Oggi **fa bel tempo**! Vedi! È veramente una bella vista!

🗝 Frasi Chiave

Vengo subito!   Ci andiamo con il vaporetto.

Oggi fa bel tempo

🔍 Espressioni Utili

Eccomi qua!   andare a + *inf.**   fra poco

Meno male!   Vedi!   Veramente!（←vero）

                                            ＊動詞の原形（不定法）をあらわす。

Punti & Vocaboli

天候をあらわす表現

Che tempo fa?	どんな天気ですか？		
fare bel tempo	天気がよい	fare brutto tempo	天気が悪い
fare caldo	暑い / 暖かい	fare freddo	寒い
essere sereno	晴れている	essere nuvoloso	曇っている
piovere	雨が降る	nevicare	雪が降る

※ 天候は常に3人称単数であらわす

場所の ci

「そこに / そこへ / そこで」をあらわす。動詞との位置関係は、目的語代名詞と同じ。

Vieni con noi al bar?　– Si, *ci* vengo volentieri!

Grammatica

 67

不規則変化動詞 venire, uscire, rimanere の活用（直説法現在）

（意味）	**venire** (　　　　)	**uscire** (　　　　)	**rimanere** (　　　　)
io	**vengo**	**esco**	**rimango**
tu	**vieni**	**esci**	**rimani**
lui / lei / Lei	**viene**	**esce**	**rimane**
noi	**veniamo**	**usciamo**	**rimaniamo**
voi	**venite**	**uscite**	**rimanete**
loro	**vengono**	**escono**	**rimangono**

形容詞 bello の語形変化

名詞の前に置かれるとき。指示形容詞 quello も同じ語尾になる。

男性	① 子音（③を除く）	**bel** ragazzo	**bei** ragazzi
	② 母音	**bell'**amico	**begli** amici
	③ s+子音、z, j, y など	**bello** studente	**begli** studenti
女性	① 子音	**bella** ragazza	**belle** ragazze
	② 母音	**bell'**amica	**belle** amiche

49

Esercizi Lezione 7

A イタリア語で質問して答えましょう。また、ノートに書きましょう。　🎧 ⑱

1) 明日何がしたい？

2) 休みに（in vacanza）どこに行きたい？

3) 今晩、何が食べたい？

4) すぐに家に帰らないといけないの？

5) 掃除（fare le pulizie）をしなければならないの？

6) 上手に歌うことができる？

7) テニスはできる？

B potereを使って言いましょう。また、ノートに書きましょう。

1) 窓を閉めてもいいですか？　—はい、もちろん。

2) ジョルジョ、窓を開けてもらってもいい？

3) お嬢さん、ドア（la porta）を閉めていただいてもいいですか？

C （　）の動詞を適切な現在形に活用させて下線部に入れ、文の意味を言いましょう。

1) Voi .... vedere la partita?　— Sì, la .... vedere!（volere）

2) Loro .... andare al cinema domani mattina.（volere）

3) Tu .... andare in biblioteca?　— Sì, ci .... andare subito.（dovere）

4) Il treno .... arrivare alla stazione fra poco.（dovere）

5) Noi .... entrare?　— No, mi dispiace, non ....（potere）

6) Scusi, signore, mi .... chiamare un taxi?（potere）

7) Agnese non .... guidare la macchina.（sapere）

8) Paola e Michele .... nuotare bene.（sapere）

D　イタリア語で質問して答えましょう。また、ノートに書きましょう。　🎧 ⑥⑨

1）どうやって学校に来るの？

2）コンサートに私と一緒に（con me）来る？

3）ふだん何時に家を出るの？

4）日曜日は家にいる？ それとも出かける？

5）今日はどんな天気ですか？

6）今日は暖かいですか、それとも寒いですか？

E　（　　　）の動詞を適切な現在形に活用させて下線部に入れ、文の意味を言いましょう。

1）Lorenzo .... in ufficio a mezzogiorno.（venire）

2）Gli amici .... da me stasera per la festa.（venire）

3）Mia sorella .... con il suo ragazzo stasera.（uscire）

4）Voi .... qui perché fuori fa freddo.（rimanere）

5）Di solito io .... a letto a mezzanotte.（andare）

6）Marco .... in montagna per le vacanze.（andare）

F　日本語を参考にして、イタリア語で会話しましょう。また、ノートに書きましょう。

> 　：今日はいい天気ね。私たちは何をしようか？　🎧 ⑦⓪
>
> 　：暑いね。海に行こうよ。
>
> 　：私は泳げない（nuotare）から、（そこに）行きたくないわ。
>
> 　：いいじゃないか（Dai!）！　君は無理に（per forza）泳ぐ必要はないよ。
> 　　日光浴（prendere il sole）をしようよ！
>
> 　：じゃ、いいわ。
>
> 　：君の所に車で11時に行くよ（来るよ）。いい？
>
> 　：もちろんよ。ありがとう。じゃ、また明日。

Lezione 8-A

Dopo cena 夕食のあとで

🎧 71

Il maestro Marco **ha invitato** Yuka e Pierre per fare una festa a casa sua. Loro **hanno mangiato** e **bevuto** molto.

Marco : Yuka, **hai mangiato** molto?

Yuka : Sì, **ho mangiato** benissimo! Soprattutto questo risotto al nero di seppie è ottimo! Chi **ha cucinato**?

Marco : **Ha cucinato** mia moglie! Sa cucinare molto bene. **Hai bevuto** anche il prosecco?

Yuka : Sì, molto. Non posso bere di più...

Marco : Che cosa **hai visto** a Firenze?

Yuka : **Ho visto** tante cose.... Mi piace l'arte quindi **ho visitato** tanti musei.

Marco : Complimenti! Conoscere l'arte è una buona cosa per i giovani.

🔑 **Frasi Chiave**

Hai mangiato molto? — Sì, ho mangiato benissimo.

🔍 **Espressioni Utili**

mangiare bene	soprattutto	ottimo
di più	Complimenti!	

 **Grammatica**

近過去1：〈avere + 過去分詞〉でつくる近過去（mangiareの場合） 🎧72

io	**ho mangiato**
tu	**hai mangiato**
lui / lei / Lei	**ha mangiato**
noi	**abbiamo mangiato**
voi	**avete mangiato**
loro	**hanno mangiato**

過去分詞1：規則形

-are → **-ato**   mangiare → mang**iato**

-ere → **-uto**   dovere → dov**uto** ※ 不規則形が多い

-ire → **-ito**   finire → fin**ito**

過去分詞2：不規則形の一例

型	原形	意味	過去分詞
-so型	prendere	とる / 乗る	**preso**
	chiudere		
-tto型	fare		**fatto**
	leggere		
	scrivere		
	dire		
-sto型	vedere		**visto**(veduto)
	rimanere		
-uto型	bere		**bevuto**
	venire		
その他	essere・stare		
	nascere		

動詞の原形（不定詞）の名詞的用法「〜すること」

Conoscere l'arte è una buona cosa per i giovani.

Lezione 8-B

In centro チェントロで

🎧 ⑦⑶

Oggi è lunedì. Yuka è tornata da Venezia e ha incontrato Giorgio in centro.

Giorgio : Dove sei stata sabato sera? Non sei venuta al solito locale.

Yuka : Questo fine settimana sono stata a Venezia.

Giorgio : Che cosa hai fatto lì?

Yuka : Ho visto un mio amico.

Giorgio : Un amico? Chi è?

Yuka : È Pierre, un mio caro amico svizzero. Studia la lavorazione del vetro veneziano quindi sono andata a vedere le sue opere...

Giorgio : Eh... è veramente un amico per te?

Yuka : Sì, siamo buoni amici. Sei mai stato a Venezia tu?

Giorgio : Mille volte, ma che domande fai? Sono nato lì!

🔑 Frasi Chiave

Dove sei stata sabato sera?

Non sei venuta al solito locale.

🔍 Espressioni Utili

lì (= là)   quindi   mai

Che domande fai?

54

Punti & Vocaboli

大きな数

100	cento	200	duecento
1.000	mille	2.000	duemila
10.000	diecimila	15.000	quindicimila
100.000	centomila	999.000	novecentonovantanovemila
1.000.000	un milione		

年号の読みかた

1861 mille-ottocento-sessantuno

Grammatica

近過去2：〈essere + 過去分詞〉でつくる近過去（andareの場合）　🎧74

io	**sono**	**andato/a**
tu	**sei**	**andato/a**
lui / lei / Lei	**è**	**andato/a**
noi	**siamo**	**andati/e**
voi	**siete**	**andati/e**
loro	**sono**	**andati/e**

※過去分詞が主語の性・数に応じて語尾変化することに注意！

近過去の助動詞にessereをとる動詞（以下に該当しないものはavereをとる）

① 移動の自動詞：andare, venire, partire, arrivare, uscire, tornare, ecc.

② 存在の自動詞：essere, stare, rimanere, nascere, morire, ecc.

　※ そのほかにも一部の動詞（piacere, costareなど）は、essereをとる。また、すべての
　　 再帰動詞（→Lezione 9-B）もessereをとる。

55

Esercizi Lezione 8

A イタリア語で質問して答えましょう。また、ノートに書きましょう。 🎧 75

1) ゆうべ、何を食べた？ 誰が料理した？

2) 最近 (ultimamente)、何を買った？

3) 昨日、どのくらいのメール (quante e-mail) を受け取った (ricevere) ？

4) ゆうべ、よく眠った？

5) 今朝、新聞 (il giornale) を読んだ？

6) 今日、電車に乗った？

7) ゆうべ、何をした？

B イタリア語で言いましょう。また、ノートに書きましょう。

1) 彼は図書館で勉強をしました。

2) 私たちは学生食堂でスパゲッティを食べました。

3) 水曜日の午後、君たちは友達に会いましたか？

4) 今朝、彼らはコーヒーを飲みました。

5) ゆうべ、私は宿題をして、本を読んで、メールを書いて、テレビを観ました。それから、お風呂に入って、ビールを一杯飲んで、ぐっすり (benissimo) 眠りました。

C （　　）の動詞を近過去形に活用させて下線部 に入れ、文の意味を言いましょう（助動詞に **avere** をとる場合と **essere** をとる場合の違いに注意）。

1) (Tu-lavorare) .... oggi?　— No, (io-giocare) .... a tennis con gli amici.

2) (Noi-finire) .... i compiti e (vedere) .... un video.

3) (Loro-bere) .... un caffè e (prendere) .... la macchina.

4) Maria (venire) .... a Kobe ed (essere) .... a casa mia per una settimana.

5) (Noi-andare) .... in Italia e (mangiare) .... tanti cibi buonissimi.

6) Le mie amiche (tornare) .... in Giappone e (scrivere) .... tante e-mail.

| D | 次の文を声に出して読み、意味を言いましょう。 |

1) Ho comprato questa borsa a Milano. È costata 250 euro.

2) Giovanni è nato nel 1991 a Torino.

3) Abito a Bologna dal 2004.

4) Ho dovuto pagare 12.000 yen.

5) Ci sono 380.000 abitanti in questa città.

| E | イタリア語で質問して答えましょう。また、ノートに書きましょう。   🎧 76 |

1) ヴァカンスにどこに行ったの？

2) 昨日、ここに (qua) 来た？

3) 昨日、何時に寝た？

4) 土曜の晩、どこにいたの？

5) 日曜日は出かけたの、それともずっと家にいたの？

6) いつ、どこで君は生まれたの？

| F | 日本語を参考にして、イタリア語で会話しましょう。また、ノートに書きましょう。 |

🎧 77

：この週末は何をしたの？

：お母さんとフィレンツェへ行ったよ。

：君たちはフィレンツェで何をしたの？

：大聖堂 (il Duomo) やボッティチェッリの作品 (le opere di Botticelli) を見たよ。それから、フィレンツェ風ステーキを食べた。で君は、この週末何したの？

：土曜日はバイトして、晩は友達と飲んだよ。日曜日は特に何も (niente di speciale) しなかった。家にいて、部屋の掃除をして、読書をしたよ。

| G | この週末に何をしたか、イタリア語で言いましょう（5つ以上の動作）。また、ノートに書きましょう。 |

Leggiamo un po'

3. Firenze

Firenze è una città d'arte. Nel periodo rinascimentale qui vivevano e lavoravano[1] tanti artisti come Botticelli, Leonardo da Vinci e Michelangelo. Si possono ammirare[2] i capolavori di grandi maestri d'arte in tutta la città, non solo nei musei ma anche[3] nelle piccole chiese e addirittura per strada.

Il monumento più[4] importante di Firenze è il Duomo. La sua caratteristica cupola, realizzata[5] dal genio di Filippo Brunelleschi[6], è il simbolo di Firenze.

1) vivevano, lavoravano：vivere, lavorare の半過去形（3 人称複数 → Lezione 10）
2) si possono ammirare：鑑賞できる（厳密には受身表現で、主語は i capolavori）
3) non solo ～ ma anche ...：～だけでなく ... も
4) 定冠詞 + più ＝最上級（最も～）
5) realizzata da ～：～によって実現された（realizzata は realizzare の過去分詞女性単数形）
6) Filippo Brunelleschi：フィリッポ・ブルネッレスキ（1377-1446、ルネサンスの建築家）

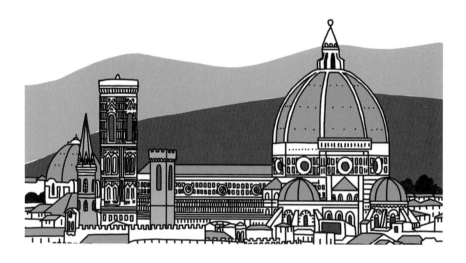

　フィレンツェは、芸術 (arte) の都であるだけでなく、職人技 (artigianato) の都でもあります。革製品をはじめ、美しく装飾されたマーブル紙、木工など、さまざまな伝統工芸品を昔ながらの方法で手作りする職人の工房が街のあちこちにあり、その作業風景が通りから見られることも珍しくありません。フェラガモやグッチなど、世界的に有名な靴やかばんのブランドがフィレンツェで生まれたのも当然と言えるでしょう。

4. Venezia

Chi non conosce Venezia, la bellissima città d'acqua? È stata fondata[1] nella laguna circa 1500 anni fa dalla gente che[2] cercava un rifugio dall'attacco dei barbari. Circondata[3] d'acqua salata, non è adatta all'agricoltura, ma i veneziani erano[4] esperti nel manovrare le navi. Così Venezia ha prosperato nel commercio internazionale.

Venezia conserva ancora oggi un enorme patrimonio culturale: palazzi pubblici e privati, chiese con magnifiche opere d'arte, insomma, tutti quelli che[5] testimoniano lo splendore del passato della "Regina del Levante."

1) è stata fondata：築かれた（fondare の受動態・近過去形）
2) che：関係代名詞（→ Lezione 10-A）
3) circondata da 〜：〜に囲まれているため（分詞構文）
4) erano：essere の半過去形（3人称複数 → Lezione 10）
5) tutti quelli che …：…するすべてのもの

「水の都」として有名なヴェネツィアは、ラグーナ（潟）と呼ばれる浅い内海の中央に人工的に築かれた島々からなる都市です。古代末期から中世初期に異民族の襲撃を避けて海に逃れた人々は、やがて地中海の海運業で繁栄し、東洋と西洋を結ぶ重要な役割を果たしました。"東地中海の女王"と呼ばれたヴェネツィアには、今日でも当時の栄華をしのばせる文化遺産が数多く残っています。

ヴェネツィアの文化には、東方からの影響が色濃く見られます。そのひとつがガラス工芸です。鮮やかな色彩や繊細な細工を特徴とするヴェネツィアンガラスは、昔も今も、ヴェネツィアの特産品であり続けています。

Lezione 9-A

La mattina al bar 朝のバールで

🎧 (78)

Martedì mattina Maria e Yuka **si trovano** al bar dell'università.

Maria : Yuka, sei sempre in forma! A che ora **ti alzi** la mattina?

Yuka : **Mi alzo** verso le 7, e poi **mi faccio** la doccia, così **mi sveglio** e **mi sento** benissimo! Dopo la doccia, faccio colazione, ascolto la musica, **mi rilasso** un po' ed esco di casa alle 8.30. E tu? Che fai la mattina?

Maria : Io non **mi alzo** facilmente. La sveglia suona tante volte, finalmente alle 9 meno 5 **mi alzo**, **mi preparo** in fretta ed esco di casa dopo dieci minuti.

Yuka : Meno male che abiti vicino all'università.

Maria : Eh, sì!

🔑 Frasi Chiave

A che ora ti alzi la mattina?

Mi sento benissimo!

🔍 Espressioni Utili

in forma	farsi la doccia	facilmente
finalmente	in fretta	Meno male che ~
Eh, sì!		

 **Grammatica**

再帰動詞1：直説法現在

1）再帰動詞の構成：〈他動詞 + 自分を（に）〉＝ 自動詞的意味

chiamarsi 「～という名前である」

（chiamare + si） （呼ぶ + 自分を）

🎧79

io	**mi chiamo**	私を + 私は呼ぶ
tu	**ti chiami**	君を + 君は呼ぶ
lui / lei / Lei	**si chiama**	自分を + 彼・彼女は呼ぶ
noi	**ci chiamiamo**	私たちを + 私たちは呼ぶ
voi	**vi chiamate**	君たちを + 君たちは呼ぶ
loro	**si chiamano**	自分たちを + 彼ら・彼女らは呼ぶ

※「自分を」の部分は、目的語人称代名詞と同じなので、動詞が時制活用する場合は**動詞の前**におかれ、動詞が原形の場合には、その語尾に接続される。

2）活用（直説法現在）　🎧80

（意味）	**alzarsi** （　　　　）	**trovarsi** （　　　　）	**svegliarsi** （　　　　）
io	**mi alzo**		
tu			
lui / lei / Lei			
noi			
voi			
loro			

（意味）	**mettersi** （　　　　）	**sentirsi** （　　　　）	**farsi** （　　　　）
io			
tu			
lui / lei / Lei			
noi			
voi			
loro			

Lezione 9-B

Dichiarazione 告白

🎧 ⑧1

Yuka :	Giorgio, hai una faccia! Che c'è?
Giorgio :	Non ho dormito bene e **mi sono svegliato** alle 5.
Yuka :	Così presto?
Giorgio :	Infatti ultimamente dormo poco.
Yuka :	Perché?
Giorgio :	Lo scorso fine settimana sei andata a Venezia e **ti sei fermata** da un ragazzo svizzero, vero?
Yuka :	Sì, ma che c'entra? Lui è un mio amico.
Giorgio :	Lo so! Però...
	Senti, Yuka... **mi sono innamorato** di te...
	Sai, voglio stare con te!
Yuka :	Così all'improvviso? Come faccio.....

🔑 Frasi Chiave

Mi sono svegliato alle 5.

Ti sei fermata da un ragazzo.

🔍 Espressioni Utili

avere una faccia	Che c'è?	infatti
Che c'entra?	Lo so.	Però,
Sai,	all'improvviso (= improvvisamente)	

 **Punti & Vocaboli**

再帰動詞を用いた表現

① 身じたくの動作

    lavarsi la faccia / le mani　顔 / 手を洗う

    farsi la doccia　シャワーを浴びる

    mettersi le scarpe　靴をはく

② 気分・感情などの表現

    sentirsi bene / male　気分が良い / 悪い

    innamorarsi di 〜　〜に恋をする

Grammatica

再帰動詞2：近過去　🎧82

（意味）	alzarsi （　　　　）		addormentarsi （　　　　）	innamorarsi （　　　　）
io	mi sono	alzato/a		
tu	ti sei	alzato/a		
lui / lei / Lei	si è	alzato/a		
noi	ci siamo	alzati/e		
voi	vi siete	alzati/e		
loro	si sono	alzati/e		

※助動詞は常に essere

◆ 再帰動詞の複数形は「互いに〜する」の意味になることがある。

    Ci vediamo in piazza.

副詞語尾

◆ 形容詞の語尾を〈-mente〉にして、副詞をつくることができる。

① 形容詞男性単数形の語尾が **-o → -a + mente**

    ver*o* → ver*amente*　　　　　　　　ultim*o* → ultim*amente*

② 形容詞男性単数形の語尾が **-e**　　ただし3) の場合を除く → **-e + mente**

    felic*e* → felic*emente*

③ 形容詞男性単数形の語尾が -le, -re → **-l, -r + mente**

    faci*le* → faci*lmente*　　　　　　　fina*le* → fina*lmente*

63

Esercizi Lezione 9

A 次の表現の意味を考え、「私」を主語とする現在形で言いましょう。また、ノートに書きましょう。他の人称でも言ってみましょう。

1) vestirsi

2) lavarsi la faccia

3) mettersi le scarpe

4) farsi la barba

5) truccarsi

B イタリア語で質問して答えましょう。また、ノートに書きましょう。　🎧 83

1) ふだん、何時に起きる？

2) 毎朝、シャワーを浴びる？

3) 今日、気分はどう？

4) 君たちの学校はどこにあるの？

5) 君の両親はなんていう名前？

C （　　　）の動詞を活用させて下線部に入れ、文の意味を言いましょう。

1) I miei genitori .... alle 6. (alzarsi)

2) Mia sorella .... in fretta. (prepararsi)

3) Dove .... la stazione? (trovarsi)

4) .... il cappello prima di uscire? (Voi-mettersi)

5) .... benissimo perché l'aria è così fresca! (Noi- sentirsi)

D 自分のふだんの朝の行動をイタリア語で言いましょう（5つ以上の動作）。また、ノートに書きましょう。

E　Ⓐ の表現を近過去形で言いましょう。また、ノートに書きましょう。

F　イタリア語で質問して答えましょう。また、それらをノートに書きましょう。🎧84

1）昨夜、何時に寝ついた？

2）今朝、何時に目が覚めた？

3）昨日、楽しかった（divertirsi）、それとも退屈だった（annoiarsi）？

4）どこで初めて（per la prima volta）恋に落ちたの？

G　今朝の自分の行動をイタリア語で言いましょう（**5つ以上の動作**）。また、ノートに書きましょう。

H　下線部を近過去形に変え、意味を言いましょう。

1）Lucia si sveglia verso le 8 e fa colazione.

2）Mi annoio a studiare.

3）Vi divertite a questa festa?　– Certo! Ci divertiamo molto.

4）Lavo la macchina e mi lavo le mani.

5）Antonio e Paola vanno in montagna e si rilassano molto.

I　日本語を参考にして、イタリア語で会話しましょう。また、ノートに書きましょう。

> 🧑：朝、ふだん何するの？　🎧85
>
> 🧑：7時半に起きて、顔を洗って、ひげをそって、服を着て、8時に家を出るよ。君は？
>
> 🧑：私は6時に起きて、シャワーを浴びて、化粧をして、朝食をとって、歯を磨いて、7時15分に家を出るわ。昨日の晩は何時に寝ついたの？
>
> 🧑：夕方、友達と会って、僕らはビールを飲んで、ディスコ（discoteca）に行って、とても楽しんだよ。だから、眠らなかったんだ。

Lezione 10-A

L'inizio dell'amore 恋の始まり

🎧 86

Maria : Yuka, che c'è?

Yuka : Senti, Giorgio mi ha detto che vuole stare con me.

Maria : Lo **immaginavo**! Lui è molto carino e simpatico!

Yuka : Lo so... ma non so che fare...

Tu hai il ragazzo, vero? Come l'hai conosciuto?

Maria : Beh, quando **frequentavo** la scuola superiore **passavo** sul Ponte Vecchio ogni giorno. Una mattina ho visto un ragazzo **che portava** una giacca nera e **faceva delle** foto. Mi sono innamorata di lui a prima vista perché **era** troppo bello! È stato un colpo di fulmine per tutti e due !

Yuka : Che storia romantica! Come Dante e Beatrice!

🔑 Frasi Chiave

Frequentavo la scuola superiore.

Ho visto un ragazzo che portava una giacca nera.

💬 Espressioni Utili

Lo immaginavo.   a prima vista   Non so che fare.

un colpo di fulmine

 **Grammatica**

半過去（直説法）

1）活用 🎧 87

	abitare	avere	finire	essere	fare
io	abit**avo**	av**evo**	fin**ivo**	**ero**	**facevo**
tu	abit**avi**			**eri**	**facevi**
lui / lei / Lei	abit**ava**			**era**	**faceva**
noi	abit**avamo**			**eravamo**	**facevamo**
voi	abit**avate**			**eravate**	**facevate**
loro	abit**avano**			**erano**	**facevano**

2）用法：未完了の過去の動作をあらわすのに用いられる

　① 過去の持続した動作や状態　「～していた / ～だった」

　　　Il ragazzo *portava* la giacca nera.

　　　Ero molto triste.

　② 過去の進行中の動作　「～していた / ～しようとしていた」

　　　Ieri alle otto *guardavo* la TV.

　③ 過去の反復・習慣　「～したものだった /（何度も）～していた」

　　　Passavo sul Ponte Vecchio ogni giorno.

関係代名詞 che

◆英語の関係詞 that とほぼ同じ。文構造を持つ修飾語句を導く役割をもつ。

　un ragazzo *che* portava una giacca nera　黒いジャケットを着た青年

　il CD *che* mi piace molto　私がとても気に入っている CD

冠詞前置詞 2：sul = su + il

前置詞 su や da も、あとに続く定冠詞と結合する（*cf.* p.29）。

部分冠詞

di + 定冠詞の結合形と同形で、いくらかの数・量をあらわす。

delle foto（何枚かの写真）/ *dell'*aqua（いくらかの水）

Lezione 10-B

Persuasione 説得

🎧 88

Yuka :　　Perché ti sei innamorato di me?

Giorgio :　Non c'è una ragione. Ho capito subito che sei fatta per me!

Yuka :　　Ma... io non ho mai avuto un colpo di fulmine...

Giorgio :　Non hai mai avuto il ragazzo?

Yuka :　　**Ce l'avevo**, ma...

Giorgio :　Cos'è successo?

Yuka :　　È una brutta storia! Io e lui **frequentavamo** la stessa scuola, e poi naturalmente ci siamo messi insieme. Però un giorno quando sono entrata nel suo appartamento, **era** con un'altra ragazza!! Quindi sono scappata via ed è finito tutto! Mentre **tornavo** a casa, **ero** molto triste. Da allora ho paura di stare insieme a qualcuno.

Giorgio :　Dai! Io sono molto serio! Credimi!

🔑 Frasi Chiave

Quando sono entrata, lui era con un'altra ragazza.

Mentre tornavo a casa, ero molto triste.

🔍 Espressioni Utili

Ce l'avevo. (*cf.* Ce l'ho.)　　Cos'è successo?　　　naturalmente

mettersi insieme　　　　　　mentre　　　　　　　avere paura (di + *inf.*)

Credimi!

Punti & Vocaboli

◆「持っている」の口語表現〈Ce + 3 人称直接目的語代名詞 + avere〉

Hai il passaporto? ― Sì, *ce l'ho*.（= ce lo ho）

Non trovo la chiave. ― *Ce l'ho* io!（= ce la ho）

Non hai mai avuto il ragazzo? ― *Ce l'avevo*.

Grammatica

近過去と半過去の使い分け

近過去： 完了した過去 / 経験

　　　　「～した」「～したことがある」

半過去： 未完了（継続中）の過去 / 繰り返された過去

　　　　「～していた」「～だった」「～したものだった）」

① 半過去と半過去を組み合わせるパターン

　・「～していた間、…していた / だった」〈Mentre + 半過去, 半過去〉

　　Mentre io *ascoltavo* la musica, lui *leggeva* un libro.

　・「～だったとき、…したものだった」〈Quando + 半過去, 半過去〉

　　Quando *ero* studente, *suonavo* la chitarra.

　　㊤ 〜〜〜〜〜〜〜〜〜
　　㊤ 〜〜〜〜〜〜〜〜〜〜〜〜

② 半過去と近過去を組み合わせるパターン

　・「～していたとき、…した」〈Quando / Mentre + 半過去, 近過去〉

　　Mentre *tornavo* a casa, *ho incontrato* gli amici.

　・「～したとき、…していた / だった」〈Quando + 近過去, 半過去〉

　　Quando *sono entrata*, *era* con un'altra ragazza.

③ 近過去と近過去を組み合わせるパターン

　・「～して、…した」〈近過去 e 近過去〉

　　Abbiamo bevuto una birra e *siamo andati* in discoteca.

Esercizi Lezione 10

A イタリア語で質問して答えましょう。また、ノートに書きましょう。 🎧 89

1) 昨日の晩、8時に何をしていたの？

2) 5年前 (5 anni fa)、どこに住んでいたの？

3) 小さかったころ、何をしていたの？

4) 高校に通っていたころ、何をしていたの？

B 例にならって、イタリア語で言いましょう。また、ノートに書きましょう。

1) Quando mio zio era giovane, era magro.

　① 私のおじは若かったころ、活発 (attivo) だった。

　② 私のおばは若かったころ、内気 (timida) だった。

2) Quando ero piccolo/a, mio nonno mi raccontava sempre una favola.

　① 私が小さかったころ、父は私を海に連れて行って (portare) くれたものだった。

　② 私が小さかったころ、母はいつも私にケーキをつくってくれたものだった。

C イタリア語で書きましょう。

　私は小さかったころ、イギリスに住んでいました。英語がうまく話せなかったので、あまり友達がいませんでした。いつもひとりで、ギターを弾いたり、音楽を聞いたりしていました。私はとても内気だったのですが、ミュージシャンになりたかったのです。

D 子供のころのことについて（どんな子供だったか、何をして遊んでいたか、など）、くわしく言いましょう。また、ノートに書きましょう。

E 日本語と同じ意味になるように [　　] の中の語句を並び替えましょう。

1) パニーノを食べている青年がいました。

　　[un ragazzo / un panino / che / c'era / mangiava].

2) 先生と話している女の子は誰ですか？

　　[parla / il professore / che / chi / la ragazza / con / è]?

3) 私が昨日買った本は、とてもおもしろい。

　　[ieri / il libro / molto interessante / che / è / ho comprato]

F 例にならって、イタリア語で言いましょう。また、ノートに書きましょう。

1) Mentre io ascoltavo la musica, lui leggeva un libro.

   ① 私が働いている間、君は遊んでいた。

   ② 彼が運転をしている (guidare) 間、私たちは眠っていた。

2) Mentre tornavo a casa, ho incontrato gli amici.

   ① 私はスーパーに行く途中で、その事故 (l'incidente) を見た。

   ② 私たちが部屋にいたとき、私の母が入ってきた。

3) Quando mi hai telefonato, mangiavo.

   ① 彼が仕事を終えたとき、私はイタリア語の勉強をしていた。

   ② 私の母が家に着いたとき、父は新聞を読んでいた。

G イタリア語で質問して答えましょう。また、ノートに書きましょう。 🎧 ⑨⓪

1) 今朝君は朝食をとる間、テレビを観ていた？

2) 君はここへ来る途中、誰か (qualcuno) に会った？

3) 君が初恋をしたとき、何歳だった？

4) 君が家を出たとき、雨が降っていた？

H 日本語を参考にして、イタリア語で会話しましょう。また、ノートに書きましょう。

😊：(君が) 高校に通っていた頃、何をしていたの？ 🎧 ⑨①

😐：毎日彼氏とテニスしていたわ。

😊：彼はどんなタイプ (che tipo) だった？

😐：とてもかっこよくて、優しかった (gentile)。君は彼女がいた？

😊：いなかったよ、残念ながら (purtroppo)。実は (in realtà)、僕がバールでバイトしていたとき、ある女の子に恋したんだ。彼女はとてもかわいくて、いつも微笑んでいた (sorridere)。でも、彼女には彼氏がいたんだよ。

Lezione 11-A

Decisione 決心
🎧 92

Giorgio :   Yuka, vorrei sentire la tua risposta.

Yuka :   Sei molto gentile e simpatico con me. Ma le nostre culture sono così diverse... e **dovrò** tornare in Giappone fra poco.

Giorgio :   Non importa! Ti **seguirò** in Giappone, **studierò** il giapponese e **cercherò** un lavoro. Ti **amerò** per tutta la vita. **Vedrai**, **saremo** veramente felici!

Yuka :   Ho capito... **Dovrò** dimenticare il brutto sogno e andare avanti!
   Giorgio, mi **farai** felice, vero?

Giorgio :   Certo! Innanzitutto questo sabato ti **porterò** al mare in macchina!

🔑 Frasi Chiave

Ti amerò per tutta la vita.

Vedrai, saremo veramente felici.

🔍 Espressioni Utili

fra poco	Non importa!	per tutta la mia vita
Vedrai,	innanzitutto	

 **Grammatica**

未来

1）活用
　　　　　　　　　　　　　　　　　　　　　　　　🎧93

	portare	prendere	finire	essere	avere
io	porterò	prenderò	finirò	sarò	avrò
tu	porterai			sarai	avrai
lui / lei / Lei	porterà			sarà	avrà
noi	porteremo			saremo	avremo
voi	porterete			sarete	avrete
loro	porteranno			saranno	avranno

andare → andrò　　　venire → verrò　　　fare → farò

vedere → vedrò　　　volere → vorrò　　　dare → darò

dovere → dovrò　　　rimanere → rimarrò

potere → potrò

vivere → vivrò

2）用法

① 未来の予定を述べる　「～する予定だ・～するつもりだ」

　　Andrò in Italia l'anno prossimo.

② 未来の予測を述べる「～だろう」

　　Farà bel tempo domani.

③ 現在の推測を述べる　「（今）～だろう」

　　A quest'ora Maria non *sarà* a casa.　この時間にはマリアは家にいないだろう。

④ 意志・約束を述べる　「～しよう」

　　Farò una dieta.　私はダイエットしよう。

※ 強い疑念をあらわす時にも使われる「いったい～だろう」

　　Chi *sarà* quel ragazzo?　あの青年はいったい誰だろう。

73

Lezione 11-B

All'aeroporto 空港で

🎧 94

Giorgio : Yuka! **Vieni** qua!
Voglio dirti una cosa importante.

Yuka : **Dimmi!**

Giorgio : **Non dimenticarmi!** Ti voglio tanto bene. Non potrò vivere senza di te. **Aspettami** in Giappone!

Yuka : Allora **studia** bene il giapponese!

Giorgio : **Non prendermi** in giro!

Yuka : **Scusami...** Senti, mi mancherai molto...

Giorgio: Tesoro mio! **Non piangere!** Potremo vederci presto!

Si abbracciano forte e Yuka torna in Giappone.

🔑 Frasi Chiave

Studia bene.

Non dimenticarmi.

Scusami.

🔍 Espressioni Utili

Dimmi.   Ti voglio bene.   Aspettami.

prendere in giro   Mi mancherai.   Tesoro mio!

 **Grammatica**

命令法　　　　　　　　　　※noi, voiへの命令は、直説法現在と同形の動詞が大半なので省略

1）規則変化動詞の活用

🎧95

	scusare	prendere	aprire	finire
tu	scusa	prendi	apri	finisci
Lei	scusi	prenda	apra	finisca

2）不規則変化動詞の活用

	andare	fare	dare	dire
tu	vai（va'）	fai（fa'）	dai（da'）	dì（di'）
Lei	vada	faccia	dia	dica

	venire	uscire	rimanere	stare
tu	vieni	esci	rimani	stai（sta'）
Lei	venga	esca	rimanga	stia

tuに対する否定命令〈non + 原形〉　　　　　　※Leiへの否定命令は〈non + 命令法〉

　　Non *piangere*.　　　　Non *dimenticarmi*.

　　　cf. Leiに対する場合 : Non *pianga*.　　　　Non *mi dimentichi*.

命令法と目的語代名詞　　　　　　　　　　　※再帰動詞や場所のciの場合も同じ

① tu, noi, voiの場合 : 動詞の語尾に接続

　　Aspetta*mi*.　　　　　　Scusa*mi*.　　　　　　Alza*ti*. 起きろ/ 立て

　　Andiamo*ci*. そこへ行こう　　　　　　　Aprite*lo*. それを開けなさい

　　※ただし、Ci vediamo! Ci sentiamo! のような表現もある。

　　短縮形を持つ動詞（andare, fare, dare, dire, stare）は目的語の子音を重ねる。

　　Di*mmi*.　　　　　　Fa*llo*. それをしろ　　　　Va*cci*. そこへ行け

② Leiの場合 : 動詞の前

　　Mi aspetti.　　　　　*Mi* scusi.

A イタリア語で質問して答えましょう。また、ノートに書きましょう。　🎧96

1）今晩、何を食べるつもり？

2）何を買うつもり？

3）この週末、どこに行くつもり？　何をするつもり？

4）明日はどんな天気かな？

5）君の両親は、今、どこにいるのかな？

B 未来形を用いてイタリア語で言いましょう。また、ノートに書きましょう。

1）彼は来年ヴェネツィアを訪れる予定だ。

2）君たちは授業の後、何をするつもり？

　　― 私たちはバールでコーヒーを飲むつもりです。

3）私は君をイタリアレストランに連れていってあげるよ。

4）明日、私は大学に行って、友達に会うだろう。そして図書館で勉強しなければならないだろう。その後、家に帰って、シャワーを浴び、寝るだろう。

C （　　）内の動詞を未来形にして下線部に入れ、文の意味を言いましょう。

1）L'anno prossimo io (lavorare) .... tanto e (guadagnare) .... i soldi.

2）Domani (essere) .... sereno e (fare) .... caldo.

3）Noi (dovere) .... arrivare alla stazione alle 11.15. Il treno (partire) .... per

　　Roma alle 11.30 .

4）Loro (andare) .... a teatro e (vedere) .... l'opera lirica.

5）(Tu-vedere) ...., la nostra vita (essere) .... felice!

D 自分が将来したいことについて、未来形を用いて言いましょう（5つ以上の動作）。また、ノートに書きましょう。

　　In futuro, ...

E 　TuとLeiに対する命令法で言いましょう。また、ノートに書きましょう。　🎧 ⑨⑦

1) ごめん！ 　　　　　　　　　 すみません！

2) 見て！ 　　　　　　　　　　 見てください！

3) 聞いて！ 　　　　　　　　　 聞いてください！

4) 食べないで！ 　　　　　　　 食べないでください！

5) 私を待って！ 　　　　　　　 私を待ってください！

6) 私に言って！ 　　　　　　　 私におっしゃってください！

7) 私を離さないで！ 　　　　　 私を離さないでください！

F 　（　　　）内から適切なものを選び、文の意味を言いましょう。

1) Scusa,（parli / parla）lentamente!

2) Signorina, non（fare /faccia）le foto!

3) Giorgio,（passami / mi passi）il sale!

4) Dai, non（prendermi / mi prenda）in giro!

5) Signore,（lavati / si lavi）le mani per favore!

G 　日本語を参考にして、イタリア語で会話しましょう。また、ノートに書きましょう。

🎧 ⑨⑧

👩：（僕に）言ってよ！　君は、卒業後（dopo la laurea）、何をするつもり？

👩：私は彼氏と結婚する（sposare）つもり。私たちはシチリアで家を買うつもりよ。
　　2人の子供を持って、犬（cane）を1匹飼うわ。私たちの人生は幸せになるわ！
　　あなたは？

👨：僕はペルージャに戻って働くつもりだ。お金をたくさん稼いで、それから、
　　日本に行って、そこで暮らすんだ。

👩：私のことを忘れないでね！　私にメールを書いてね！　私たちはいつも友達よ。

👨：もちろん！　お互い連絡を取り合おうね（sentire + ci 互いに）！

CAFFETTERIA   BIBITE

Caffè	1,50 €	Aranciata	2,00 €
Caffelatte	2,00 €	Coca	2,00 €
Cappuccino	2,00 €	Acqua gassata / naturale	2,00 €
Tè	2,00 €	Limonata	2,50 €
Camomilla	2,00 €	Succo di mela	2,50 €
Cioccolata	3,00 €		

SNACK   ALCOLICI

Cornetto	2,00 €	Birra	
Panino	3,00 €	piccola	3,00 €
Tramezzino	3,00 €	media	5,00 €
Pizzetta	3,50 €	Vino rosso / bianco	3,00 €
Insalata	4,00 €	Spumante	4,00 €
Gelato	2,00 €		

ANTIPASTI

Crostini alla toscana	6,00 €
Prosciutto e melone	7,00 €
Tagliere di formaggi	7,00 €
Antipasto misto	10,00 €

PRIMI PIATTI

Ribollita	8,00 €
Pappardelle al ragù	10,00 €
Lasagne al forno	10,00 €
Risotto ai frutti di mare (min.2p)	13,00 €

SECONDI PIATTI

Scaloppine ai funghi porcini	15.00 €
Pollo alla cacciatora	15.00 €
Bistecca alla fiorentina	20.00 €
Pesce alla griglia	18.00 €

CONTORNI

Patate fritte	4.00 €
Spinaci al burro	4.00 €
Verdure arrosto	6.00 €
Insalata mista	5.00 €

DOLCI

Tiramisù	4.00 €
Macedonia di frutta	5.00 €
Torta di cioccolato	5.00 €
Cantuccini con vin santo	5.00 €

Glossario   この教科書で学ぶ単語一覧

※以下の用語は新出順に並べており、各課でまとまったカテゴリー及び成句があれば、別に記載している。また、各単語、品詞、成句、訳は、それぞれの課で扱った用法に準ずる。

名 名詞   名複 名詞複数形   固名 固有名詞   形 形容詞   所有 所有形容詞   動 動詞   副 副詞
前 前置詞   代 代名詞   疑 疑問詞   数 数詞   接 接続詞   冠 冠詞

Lezione 1-A

presentarsi 動 ....
giapponese 名 ....
studente 名 ....
studentessa 名 ....
italiano 名 ....
cliente 名 ....
cameriere 名 ....
signore 名 ....
signora 名 ....
signorina 名 ....
questo 代 ....
un 冠 ....
caffè 名 ....
una 冠 ....
birra 名 ....
cappuccino 名 ....
tiramisù 名 ....
pizza 名 ....
panino 名 ....
cinese 名 ....
cioccolata 名 ....
amiche < amica 名 ....
lasagna 名 ....
scienza 名 ....
pesce 名 ....
asparagi 名複 ....
gelato 名 ....
giorno 名 ....
Inghilterra 固名 ....
portoghese 名 ....
famiglia 名 ....
biglietto 名 ....
pesca 名 ....
scuola 名 ....

sconto 名 ....
Milano 固名 ....
Napoli 固名 ....
Italia 固名 ....
città 名 ....
università 名 ....
mamma 名 ....
pannacotta 名 ....

【挨拶①】

Buongiorno.
Piacere.
Grazie.
Prego.
Arrivederci.
Buonasera.
Ciao.

【その他の表現や成句】

Mi chiamo 〜 .	私の名前は〜です。
Sono 〜 .	私は〜です。
Sono di + 都市名 .	私は〜出身です。
un po'	少し
Scusi!	すみません！
Sì.	はい。
per favore	お願いします。/ください。
Basta così./Basta così?	以上です。/以上ですか？
Parlo 〜 .	〜を話す。

Lezione 1-B

primo 形 ....
incontro 名 ....
essere 動 ....
Giorgio 固名 ....
parlare 動 ....

【国名・国籍】

Giappone 固名 ....

giapponese 名形 ....
Cina 固名 ....
cinese 名形 ....
Francia 固名 ....
francese 名形 ....
Inghilterra 固名 ....
inglese 名形 ....
Italia 固名 ....
italiano/a 名形 ....
Corea 固名 ....
coreano/a 名形 ....
Spagna 固名 ....
spagnolo/a 名形 ....
Germania 固名 ....
tedesco/a 名形 ....

【主語人称代名詞】

io 代 ....
tu 代 ....
lui 代 ....
lei 代 ....
Lei 代 ....
noi 代 ....
voi 代 ....
loro 代 ....

【その他の表現や成句】

E tu?   で、君は？
No.   いいえ。
non ~   ～ ない。/ ～ではない。
Come ti chiami?   君の名前は？
Piacere mio.   こちらこそよろしく。
molto bene   とてもよい / とてもうまく

Esercizi（Lezione 1）

chiesa 名 ....
torre 名 ....
succo 名 ....
zucchero 名 ....
ghiaccio 名 ....
Sicilia 固名 ....
Sardegna 固名 ....

Puglia 固名 ....
camicia 名 ....
giacca 名 ....
maglietta 名 ....
Francesco 固名 ....
ma 接 ....
Chiara 固名 ....
Verona 固名 ....
Maria 固名 ....

Lezione 2-A

cameriera 名 ....
il 冠 ....
tè 名 ....
la 冠 ....
limonata 名 ....
focaccia 名 ....
chiave 名 ....
cuoco/a 名 ....
lago 名 ....
amico 名 ....
tartaruga 名 ....
negozio 名 ....
ciliegia 名 ....
film 名 ....

【数詞①】

zero 数 ....
uno 数 ....
due 数 ....
tre 数 ....
quattro 数 ....
cinque 数 ....
sei 数 ....
sette 数 ....
otto 数 ....
nove 数 ....
dieci 数 ....

【その他の表現や成句】

al bar   バールで
Desidera?   ご要望は？/ お伺いしましょうか？

Ecco.   ほら。/どうぞ。

Lezione 2-B

a 前 ....
carino 形 ....
commesso 名 ....
molto 副 ....
bello 名 ....
grande 形 ....
piccolo 形 ....
bello 形 ....
caro 形 ....

【色】

rosso 形 ....
azzurro 形 ....
verde 形 ....
blu 形 ....
bianco 形 ....
nero 形 ....
marrone 形 ....

【服飾品】

cappotto 名 ....
gonna 名 ....
camicia 名 ....
scarpe 名複 ....
borsa 名 ....
pantaloni 名複 ....
giacca 名 ....
cappello 名 ....

【数詞②】

undici 数 ....
dodici 数 ....
tredici 数 ....
quattordici 数 ....
quindici 数 ....
sedici 数 ....
diciassette 数 ....
diciotto 数 ....
diciannove 数 ....
venti 数 ....

【その他の表現や成句】

C'è ～ .   ～が（そこに）ある。
qui vicino   この近くに
Andiamo!   行きましょう！
Vorrei ～ .   私は～が欲しいのですが。
Bene!   いいですよ！
Posso provare?   試してもいいですか？
Certo.   もちろん。
Com'è?   （それは）どうですか？
Quanto costa?   いくらですか？
Costa ＋ 数 ＋ euro.   ～ユーロです。

Esercizi（Lezione 2）

libro 名 ....
penna 名 ....
dizionario 名 ....
riga 名 ....
cellulare 名 ....
gioco 名 ....
gentile 形 ....
pizzeria 名 ....
supermercato 名 ....

【その他の表現や成句】

Sì, c'è.   はい、あります。
No, non c'è.   いいえ、ありません。
Ci sono ＋名詞複数形?   ～が（そこに）ありますか？

Lezione 3-A

fare 動 ....
per 前 ....
esame 名 ....
importante 形 ....
dove 疑 ....
via 名 ....
dopo 前 ....
lezione 名 ....
part-time 副 ....
casa 名 ....
TV 名 ....
con 前 ....

Roma 固名 ....

qualcosa 代 ....

musica 名 ....

tennis 名 ....

mensa 名 ....

【are 動詞】

studiare 動 ....

abitare 動 ....

andare 動 ....

lavorare 動 ....

tornare 動 ....

guardare 動 ....

mangiare 動 ....

ascoltare 動 ....

giocare 動 ....

pagare 動 ....

【その他の表現や成句】

Che cosa ～ ? / Cosa ～ ?　　何を～?

In bocca al lupo!　　頑張って!

Crepi!　　頑張るよ!

Come no!　　（どうしてだめなの）もちろんOK

in via Romana　　ロマーナ通りに

in via Maggio　　マッジョ通りに

vicino a ～　　～の近くに

giocare a ～　　（スポーツ）をする

fare la spesa　　（日常的な）買物をする

fare il bagno　　入浴する /（水に）浸かる

Lezione 3-B

quindi 接 ....

fratello 名 ....

sorella 名 ....

in 前 ....

ditta 名 ....

americana < americano 形

....

allora 副 ....

bravo 形 ....

tempo 名 ....

domani 副 ....

sera 名 ....

perché 疑 ....

ristorante 名 ....

insieme 副 ....

avere 動 ....

testa 名 ....

stomaco 名 ....

denti 名複 ....

【数詞③】

ventuno 数 ....

ventidue 数 ....

ventitré 数 ....

ventiquattro 数 ....

venticinque 数 ....

ventisei 数 ....

ventisette 数 ....

ventotto 数 ....

ventinove 数 ....

trenta 数 ....

quaranta 数 ....

cinquanta 数 ....

sessanta 数 ....

settanta 数 ....

ottanta 数 ....

novanta 数 ....

cento 数 ....

【avere を用いた表現】

avere ＋ 数 ＋ anni　　私は～歳です。

avere sonno　　眠い

avere fame　　お腹が空いている

avere sete　　のどが渇いている

avere caldo　　暑い

avere freddo　　寒い

avere tempo　　時間がある

avere mal di ～　　～が痛い

avere fretta　　急いでいる

【その他の表現や成句】

Quanti anni hai?　　君は何歳?

Senti.　　ねぇ、/聞いてよ。

Volentieri.　　よろこんで!

Sono figlio/a unico/a.　　私は1人っ子です。

<table>
<tr><td colspan="2">Esercizi（Lezione 3）</td></tr>
</table>

lingue < lingua 名	……………………
letteratura 名	……………………
stasera 副	……………………
volta 名	……………………
prossima < prossimo 形	……………………
Luca 固名	……………………
Paolo 固名	……………………
subito 副	……………………
Lorenzo 固名	……………………
arrivare 動	……………………
mio 所有	……………………
madre 名	……………………
comprare 動	……………………
tuo 所有	……………………
padre 名	……………………
impiegato 名	……………………
tanto 副	……………………
casalinga 名	……………………
cucinare 動	……………………
commessa 名	……………………
cantare 動	……………………
calcio 名	……………………
legge 名	……………………
anche 接	……………………

【その他の表現や成句】

Che + 名詞?	何の~? / どんな~?
in tempo	間に合って / 時間通りに
per me	私にとって
fare spese	ショッピングする

<table>
<tr><td colspan="2">Lezione 4-A</td></tr>
</table>

mezzogiorno 名	……………………
stare 動	……………………
e-mail 名	……………………
nuovo 形	……………………
interessante 形	……………………
appuntamento 名	……………………

ragazzo 名	……………………
simpatico 形	……………………
rivista 名	……………………
buono 形	……………………
caldo 形	……………………
freddo 形	……………………
messaggio 名	……………………
treno 名	……………………
finestra 名	……………………

【-ere 動詞】

scrivere 動	……………………
vedere 動	……………………
leggere 動	……………………
prendere 動	……………………
chiudere 動	……………………
vivere 動	……………………
conoscere 動	……………………

【挨拶②】

Come stai?	（君は）調子はどう？
Benissimo.	とてもいいです。
Abbastanza bene.	まあまあいいですよ。
Così così.	まあまあです。
Non c'è male.	悪くないです。
Non molto bene.	あまり良くないです。
Sto male.	調子が悪いです。

【その他の表現や成句】

Scusa!	ごめん！
Che bello!	なんて素敵！ / きれい！
da solo/a	1人で

<table>
<tr><td colspan="2">Lezione 4-B</td></tr>
</table>

Angelico 固名	……………………
qui 副	……………………
Firenze 固名	……………………
preferito 形	……………………
proprio 副	……………………
spaghetti 名複	……………………
vongole 名複	……………………
bucatini 名複	……………………
piatto 名	

dividere 動	....	
decidere 動	....	
crostini 名複	....	
bistecca 名	....	
certamente 副	....	
tipici < tipico 形	....	
zona 名	....	
di 前	....	

【所有形容詞】

mio 所有	....
tuo 所有	....
suo 所有	....
nostro 所有	....
vostro 所有	....
loro 所有	....

【その他の表現や成句】

È la prima volta che 〜 .

　　　　　〜するのは初めてです。

per primo	プリモ（パスタやリゾット）には
alla carbonara	炭焼き風
per antipasto	前菜には
per secondo	セコンド（魚・肉料理）には
per piacere	お願いします
alla toscana	トスカーナ風
alla fiorentina	フィレンツェ風
Non vedo l'ora!	待ちきれない！／楽しみだ！

Esercizi（Lezione 4）

tanto 形	....
moda 名	....
Guido 固名	....
cartolina 名	....
genitori 名複	....
risotto 名	....
funghi 名複	....
Valeria 固名	....
soldi 名複	....
portafoglio 名	....
camera 名	....
stazione 名	....

questo 形	....
professore 名	....
quaderno 名	....
gomma 名	....

【その他の表現や成句】

ogni giorno	毎日
alle ＋ 数	〜時に
Di chi è?	誰のものですか？

Lezione 5-A

orario 名	....
cominciare 動	....
da 前	....
anno 名	....
mese 名	....
dunque 接	....
abbigliamento 名	....
lavoro 名	....
tardi 副	....
meno 副	....
mezzanotte 名	....
oggi 副	....
ieri 副	....
mattina 名	....
pomeriggio 名	....
notte 名	....
stamattina 副	....
stanotte 副	....
settimana 名	....

【時刻の表現】

Che ore sono?	（今）何時ですか？
Sono le ＋ 数.	（今）〜時です。
A che ora 〜 ?	何時に〜？
mezzo/a	30分／半
un quarto	15分

【その他の表現や成句】

Da quanto tempo 〜 ?	どのくらい前から〜？
di solito	普段は／通常は
Mamma mia!	なんてこと！

Lezione 5-B

programma 名 ....
viaggio 名 ....
Venezia 固名 ....
hotel 名 ....
svizzero 形 ....
Pierre 固名 ....
adesso 副 ....
lavorazione 名 ....
vetro 名 ....
veneziano 形 ....
rumore 名 ....

【交通手段】

treno 名 ....
autobus 名 ....
metropolitana 名 ....
macchina 名 ....
motocicletta 名 ....
bicicletta 名 ....
aereo 名 ....

【-ire 動詞】

partire 動 ....
dormire 動 ....
preferire 動 ....
sentire 動 ....
aprire 動 ....
finire 動 ....
capire 動 ....
pulire 動 ....

【その他の表現や成句】

da + 人	～さんの所に
Chi è?	誰ですか？
si chiama ～	彼・彼女の / その名前は～です。
Ma dai!	もう、なによ！
per me	私にとっては
tutti/e e due	両方 / 2人とも
Chi preferisci?	誰が好き？
Quale preferisci?	どれが好き？
a piedi	徒歩で

Esercizi（Lezione 5）

baseball 名 ....
banca 名 ....
weekend 名 ....
quando 接 ....
visitare 動 ....
tempio 名 ....

【その他の表現や成句】

Quante ore ～?	何時間～？
fare un giro	周遊する / 散策する

Lezione 6-A

telefono 名 ....
piazza 名 ....
vaporetto 名 ....
perché 接 ....
veloce 形 ....
gente 名 ....
abbastanza 副 ....
camminare 動 ....
aspettare 動 ....

【曜日 & 季節】

lunedì 名 ....
martedì 名 ....
mercoledì 名 ....
giovedì 名 ....
venerdì 名 ....
sabato 名 ....
domenica 名 ....
primavera 名 ....
estate 名 ....
autunno 名 ....
inverno 名 ....

【人称代名詞】

mi 代 ....
ti 代 ....
ci 代 ....
vi 代 ....
lo 代 ....
la/La 代 ....

li 代 ....

le 代 ....

mi (a me) 代 ....

ti (a te) 代 ....

ci (a noi) 代 ....

vi (a voi) 代 ....

gli (a lui) 代 ....

le/ Le (a lei / Lei) 代 ....

gli (a loro) 代 ....

【その他の表現や成句】

Pronto!	もしもし！
Mi senti?	（私の声が）聞こえている？
Ti sento bene.	（君の声が）よく聞こえているよ。
Dove sei?	（君は）どこにいる？
stazione Santa Lucia	
	サンタ・ルチア駅 (ヴェネツィア)
piazza San Marco	
	サン・マルコ広場 (ヴェネツィア)
ci vediamo	（互いに）会いましょう
〜 , vero?	〜ですよね？
〜 , no?	〜ではなかった？
è meglio 〜	〜の方がより良い
Va bene!	いいよ！
A più tardi!	後で(会いましょう)！

Lezione 6-B

rincontro 名 ....

regalo 名 ....

compleanno 名 ....

sapere 動 ....

torta 名 ....

mela 名 ....

piacere 動 ....

troppo 副 ....

quando 疑 ....

segreto 名 ....

interessare 動 ....

arte 名 ....

museo 名 ....

dare 動 ....

【月】

gennaio 名 ....

febbraio 名 ....

marzo 名 ....

aprile 名 ....

maggio 名 ....

giugno 名 ....

luglio 名 ....

agosto 名 ....

settembre 名 ....

ottobre 名 ....

novembre 名 ....

dicembre 名 ....

【その他の表現や成句】

è da tanto che 〜	長らく〜 / 長い間〜
per te	君へ / 君のため
non lo so	私は（その事を）知りません。
il + 数 + 月	〜月〜日
Dai!	ほら（言ってよ）！
a proposito	ところで
Perché non 〜 ?	
	（どうして〜しないの？）〜しようよ！
il primo	1日（ついたち）

Esercizi（Lezione 6）

opere < opera 名 ....

Marco 固名 ....

compiti < compito 名 ....

amare 動 ....

terme 名複 ....

cibo 名 ....

sport 名 ....

cantante 名 ....

Natale 名 ....

【その他の表現や成句】

Leonardo da Vinci 固名

レオナルド・ダ・ヴィンチ

Madonna 固名	マドンナ
Beatles 固名	ビートルズ
Colosseo 固名	コロッセオ (ローマ)

Michelangelo 固名	ミケランジェロ	È vero!	本当だ！
con tutto il cuore	心から		
Marco Polo 固名	マルコ・ポーロ		
Quale ＋名詞？	どの〜が？		

Lezione 7-A

come 疑	....
bottega 名	....
così 接	....
forse 副	....
presentare 動	....
maestro 名	....
aperto 形	....
sempre 副	....
canzoni < canzone 名	....
ora 副	....
già 副	....
letto 名	....
cinema 名	....
concerto 名	....
mare 名	....
fermata 名	....
estero 名	....
aeroporto 名	....
ufficio 名	....
centro 名	....
montagna 名	....
campagna 名	....
biblioteca 名	....
farmacia 名	....
medico 名	....

【補助動詞】

volere 動	....
potere 動	....
dovere 動	....
sapere 動	....

【その他の表現や成句】

Murano 固名	ムラーノ（ヴェネツィアの離島）
Buon'idea!	いいアイデア！
Magari!	だといいけど！

Lezione 7-B

giornata 名	....
isola 名	....
pronto 形	....
uscire 動	....
ci 副	....
rimanere 動	....
veramente 副	....
vista 名	....
piovere 動	....
nevicare 動	....
venire 動	....
ragazza 名	....

【その他の表現や成句】

Eccomi qua!	ほら（私）来ましたよ！
fra poco	あと少しで / まもなく
Meno male!	よかった！
Che tempo fa?	どんな天気ですか？
fare bel tempo	天気がよい
fare brutto tempo	天気が悪い
fare caldo	暑い / 暖かい
fare freddo	寒い
essere sereno	晴れている
essere nuvoloso	曇っている

Esercizi（Lezione 7）

porta 名	....
partita 名	....
entrare 動	....
chiamare 動	....
taxi 名	....
Agnese 固名	....
guidare 動	....
Michele 固名	....
nuotare 動	....
bene 副	....
festa 名	....
fuori 副	....

sole 名 ....

【その他の表現や成句】
in vacanza	休暇に
fare le pulizie	掃除する
mi dispiace	残念です
con me	私と一緒に
per forza	どうしても／無理に
prendere il sole	日光浴をする

Lezione 8-A

cena 名 ....
invitare 動 ....
bere 動 ....
soprattutto 副 ....
ottimo 形 ....
chiudere 動 ....
chi 疑 ....
prosecco 名 ....
cosa 名 ....
giovani < giovane 名 ....
dire 動 ....
nascere 動 ....

【過去分詞（不規則）】
prendere > preso
chiudere > chiuso
fare > fatto
leggere > letto
scrivere > scritto
dire > detto
vedere > visto
rimanere > rimasto
bere > bevuto
venire > venuto
essere > stato
nascere > nato

【その他の表現や成句】
al nero di seppie	イカ墨の
di più	もっと
Complimenti!	素晴らしい！

Lezione 8-B

incontrare 動 ....
solito 形 ....
locale 名 ....
fine settimana 名 ....
lì 副 ....
mai 副 ....
là 副 ....
morire 動 ....
costare 動 ....

【数詞④】
mila < mille 数 ....
milione 数 ....

【その他の表現や成句】
mille volte	何度も
Che domande fai?	（君は）なんて質問をするの？

Esercizi（Lezione 8）

ultimamente 副 ....
quanto 形 ....
ricevere 動 ....
giornale 名 ....
video 名 ....
Giovanni 固名 ....
Torino 固名 ....
Bologna 固名 ....
abitanti < abitante 名 ....
qua 副 ....
duomo 名 ....

【その他の表現や成句】
Botticelli 固名	ボッティチェッリ
niente di speciale	特別な事はなにも

Lezione 9-A

doccia 名 ....
facilmente 副 ....
sveglia 名 ....
suonare 動 ....
finalmente 副 ....
minuto 名 ....

【再帰動詞】

trovarsi 動	....
alzarsi 動	....
farsi 動	....
svegliarsi 動	....
sentirsi 動	....
rilassarsi 動	....
prepararsi 動	....
chiamarsi 動	....
mettersi 動	....

【その他の表現や成句】

essere in forma	調子が良い
verso le + 数	～時頃に
fare colazione	朝食をとる
in fretta	急いで
Eh, sì!	そう、そうなんです！

Lezione 9-B

dichiarazione 名	....
faccia 名	....
così 副	....
presto 副	....
infatti 接	....
scorso 形	....
fermarsi 動	....
però 接	....
innamorarsi 動	....
lavarsi 動	....
le mani < la mano 名	....
addormentarsi 動	....
ultimo 形	....
felice 形	....
felicemente 副	....
facile 形	....
finale 形	....

【その他の表現や成句】

Hai una faccia!	（君は）なんて顔をしてるの！
Che c'è?	何があったの？／どうしたの？
Che c'entra?	どう関係あるの？
lo so	（私はその事を）知っている

sai,	（君は）知っているよね／わかってるよね
stare con te	君とつき合う
all'improvviso	突然に
Come faccio…	（私は）どうしよう...

Esercizi（Lezione 9）

vestirsi 動	....
barba 名	....
truccarsi 動	....
aria 名	....
fresca < fresco 形	....
divertirsi 動	....
annoiarsi 動	....
Lucia 固名	....
Antonio 固名	....
Paola 固名	....
discoteca 名	....

【その他の表現や成句】

prima di ～	～する前に
per la prima volta	初めて

Lezione 10-A

inizio 名	....
amore 名	....
che 接	....
frequentare 動	....
su 前	....
passare 動	....
che 代	....
portare 動	....
foto < fotografia 名	....
storia 名	....
romantico 形	....
come 副	....
triste 形	....
CD 名	....
acqua 名	....

【その他の表現や成句】

stare con me	私とつきあう
Lo immaginavo.	そうだと思っていた。

Non so che fare.

(私は) どうすればいいかわからない。

Beh,	そうね、
scuola superiore	高校
Ponte Vecchio	ヴェッキオ橋（フィレンツェ）
a prima vista	一目で
un colpo di fulmine	一目惚れ
Dante 固名	ダンテ
Beatrice 固名	ベアトリーチェ

Lezione 10-B

persuasione 名 ....

ragione 名 ....

brutto 形 ....

stessa < stesso 形 ....

naturalmente 副 ....

appartamento 名 ....

altra < altro 形 ....

mentre 接 ....

qualcuno 代 ....

serio 形 ....

passaporto 名 ....

trovare 動 ....

chitarra 名 ....

【その他の表現や成句】

innamorarsi di me	私に恋する
essere fatto	作られた
Cos'è successo?	何が起きた？
mettersi insieme	つき合う
scappare via	逃げ出す
da allora	その時から
avere paura	怖い
Credimi!	私を信じて！
Ce l'ho.	(私は) それを持っています。
Quando ero piccolo,	私が小さかった頃、

Esercizi（Lezione 10）

zio 名 ....

magro 形 ....

attivo 形 ....

zia 名 ....

timido 形 ....

raccontare 動 ....

favola 名 ....

incidente 名 ....

telefonare 動 ....

tipo 名 ....

purtroppo 副 ....

sorridere 動 ....

【その他の表現や成句】

～ fa	～前
in realtà	実際には / 本当は

Lezione 11-A

decisione 名 ....

risposta 名 ....

cultura 名 ....

diverse < diverso 形 ....

seguire 動 ....

cercare 動 ....

vita 名 ....

dimenticare 動 ....

sogno 名 ....

innanzitutto 副 ....

dieta 名 ....

quel < quello 形 ....

【その他の表現や成句】

Non importa!	(それは) 関係ない！
per tutta la vita	生涯かけて / 一生
vedrai,	今に (君は) わかるよ
andare avanti	前に進む
Mi farai felice?	私を幸せにしてくれる？

Lezione 11-B

scusare 動 ....

piangere 動 ....

abbracciarsi 動 ....

forte 副 ....

【その他の表現や成句】

Dimmi!	(私に君が) 言って！

Ti voglio bene.	（私は）君のことが好き
senza di te	君なしで
Aspettami!	（君が）私を待って！
prendere in giro	からかう
Mi mancherai.	
	（君がいなくて私は）さみしくなる。
tesoro mio	大切な人

Esercizi（Lezione 11）

guadagnare 動	....
teatro 名	....
futuro 名	....
lentamente 副	....
sale 名	....
laurea 名	....
sposare 動	....
cane 名	....

【その他の表現や成句】

opera lirica	オペラ

Appendice 1

caffè	コーヒー、エスプレッソ・コーヒー
caffè macchiato	カフェ・マッキアート（少量のミルクを垂らしたエスプレッソ・コーヒー）
caffelatte	カフェ・ラッテ
cappuccino	カプチーノ
tè	紅茶、茶
latte	ミルク
limone	レモン
camomilla	カモミール・ティ
cioccolata	ココア
aranciata	炭酸入りオレンジジュース
coca	コカ・コーラ
succo di frutta	フルーツ・ジュース
limonata	レモネード/ホットレモン
spremuta d'arancia	生絞りオレンジ・ジュース
acqua minerale	ミネラル・ウォーター
naturale	自然の、炭酸ガスなしの
gassata	炭酸ガス入りの
cornetto	クロワッサン

cioccolato	チョコレート
marmellata	ジャム
crema	クリーム
panino	パニーノ（パンを切り分けて具材を挟んだサンドイッチ）
prosciutto	ハム
pomodoro	トマト
mozzarella	モッツァレッラ・チーズ
tramezzino	（食パンを使った）サンドイッチ
pizzetta	小型のピッツァ
gelato	ジェラート、アイスクリーム
fragola	苺
pistacchio	ピスタチオ
birra	ビール
piccola	小さい/小サイズ
media	中ぐらいの/中サイズの
vino	ワイン
rosso	赤の
bianco	白の
rosato	ロゼの
bicchiere	グラス、コップ
bottiglia	瓶、ボトル

Appendice 2

antipasti	前菜
crostini	クロスティーニ（ペーストなどをのせた小さなカナッペ）
prosciutto	ハム
melone	メロン
tagliere	まな板、プレート
formaggi	チーズ
misto	ミックスの、盛り合わせ
primi piatti	プリモ（パスタやリゾット類）
ribollita	リボッリータ（トスカーナ地方の野菜スープ）
pappardelle	パッパルデッレ（幅広いリボン状の手打ちパスタ）
al ragù	ミートソースの
lasagne	ラザニア
al forno	オーヴン焼きの

al forno	オーヴン焼きの
risotto	リゾット
frutti di mare	海の幸 / シーフード
secondi piatti	セコンド（魚・肉料理）
scaloppine	スカロッピーネ（スライスした肉のソテー）
ai funghi porcini	ポルチーニ茸ソースの
pollo	鶏肉
alla cacciatora	猟師風
bistecca	ステーキ
pesce	魚
alla griglia	グリルした / 網焼きの
contorni	付け合わせ
patate fritte	ポテトフライ
spinaci	ほうれん草
al burro	バター風味の
verdure	野菜
arrosto	ローストした / 焼いた
insalata	サラダ
dolci	デザート
macedonia	マチェドニア（シロップまたはリキュール漬けのマリネ）
di frutta	フルーツの
torta	ケーキ / パイ
cantuccini	カントゥッチーニ（硬焼きビスケット）
con vin santo	ヴィン・サント（デザートワイン）付き

Mappa（p. 4）

Torino	....
Milano	....
Venezia	....
Verona	....
Bologna	....
Firenze	....
Perugia	....
Roma	....
Napoli	....
	【州】

Valle d'Aosta	....
Piemonte	....
Liguria	....
Lombardia	....
Trentino-Alto Adige	....
Veneto	....
Friuli-Venezia Giulia	....
Emilia-Romagna	....
Toscana	....
Umbria	....
Marche	....
Abruzzo	....
Molise	....
Lazio	....
Campania	....
Puglia	....
Basilicata	....
Calabria	....
Sicilia	....
Sardegna	....

Leggiamo un po' 1

essenziale 形	....
vita 名	....
angolo 名	....
motivo 名	....
chiacchierare 動	....
pranzo 名	....
eccetera 副	....

Leggiamo un po' 2

cucina 名	....
passione 名	....
ricco 形	....
varietà 名	....
costiero 形	....
vario 形	....
pesce 名	....
frutto 名	....
esempio 名	....

interno 形 ....
soprattutto 副 ....
carne 名 ....
famoso 形 ....
contorno 名 ....

Leggiamo un po' 3

periodo 名 ....
rinascimentale 形 ....
artista 名 ....
ammirare 動 ....
capolavoro 名 ....
addirittura 副 ....
strada 名 ....
monumento 名 ....
duomo 名 ....
caratteristico 形 ....
cupola 名 ....
realizzare 動 ....
genio 名 ....
simbolo 名 ....
artigianato 名 ....

Leggiamo un po' 4

fondare 動 ....
laguna 名 ....
circa 副 ....
rifugio 名 ....

attacco 名 ....
barbaro 名 ....
circondare 動 ....
salato 形 ....
adatto 形 ....
agricoltura 名 ....
veneziano 名 ....
esperto 形 ....
manovrare 動 ....
nave 名 ....
prosperare 動 ....
commercio 名 ....
internazionale 形 ....
conservare 動 ....
ancora 副 ....
enorme 形 ....
patrimonio 名 ....
culturale 形 ....
palazzo 名 ....
pubblico 形 ....
privato 形 ....
magnifico 形 ....
opera 名 ....
insomma 副 ....
testimoniare 動 ....
splendore 名 ....
regina 名 ....

著者紹介
和栗 珠里（わぐり じゅり）
桃山学院大学国際教養学部教授。

畷 絵里（なわて えり）
桃山学院大学、神戸日伊協会ほか講師。

ピュ・アッティーヴォ！［改訂版］

2020 年 2 月 10 日　第 1 刷発行
2022 年 3 月 10 日　第 2 刷発行

著　者© 和　栗　珠　里
　　　　　畷　　　絵　里
発行者　及　川　直　志
印刷所　研究社印刷株式会社

〒101-0052 東京都千代田区神田小川町 3 の 24
電話 03-3291-7811（営業部），7821（編集部）　株式会社白水社
www.hakusuisha.co.jp
乱丁・落丁本は、送料小社負担にてお取り替えいたします。

振替　00190-5-33228　　　　Printed in Japan　　　誠製本株式会社

ISBN978-4-560-01767-8

イタリア語学習辞典の決定版！

プリーモ伊和辞典 和伊付

秋山余思 監修
高田和文／白崎容子／岡田由美子／秋山美津子／
マリーサ・ディ・ルッソ／カルラ・フォルミサーノ 編

◎見やすいランク別2色刷　◎全見出しカナ発音付，アクセントをゴチック表示　◎重要動詞には現在形を表示
◎充実した和伊語彙集　◎語数：伊和33000＋和伊8000
◎発音表記：カタカナ＋発音記号（重要語）
(2色刷) B6変型　1487頁　定価5500円（本体5000円）【シングルCD付】

<table>
<tr><td rowspan="5">入門・初級文法</td><td colspan="2">

イタリア語のしくみ 《新版》
野里紳一郎 著
B6変型 146頁 定価1540円（本体1400円）
</td></tr>
<tr><td colspan="2">

わたしのイタリア語 32のフレーズでこんなに伝わる
大上順一 著 　　　　　　　　　（2色刷）
A5判 159頁 定価1870円（本体1700円）【CD付】
</td></tr>
<tr><td colspan="2">

ニューエクスプレスプラス　イタリア語
入江たまよ 著 　　　　　　　　　（2色刷）
A5判 160頁 定価2090円（本体1900円）【CD付】
</td></tr>
<tr><td colspan="2">

イタリア語のルール 基本文法総まとめ
森田 学 著
B6判 145頁 定価1870円（本体1700円）
</td></tr>
<tr><td colspan="2">

イタリア語のABC （改訂版）
長神 悟 著 　　　　　　　　　（2色刷）
A5判 273頁 定価3080価円（本体2800円）【CD付】
</td></tr>
</table>

動詞活用
イタリア語動詞活用表
西本晃二／斎藤 憲 著
B小型 156頁 定価1980円（本体1800円）

単語集
イタリア基本単語集 新装版
秋山余思 編 　　　　　　　　　（2色刷）
B小型 243頁 定価2530円（本体2300円）※売切CD有り

出題形式別 イタリア語検定4級5級頻出単語集
畷 絵里 著 　　　　　　　　　【CD付】
四六判 230頁 定価2310円（本体2100円）

問題集
イタリア語練習問題集 新装版
M・D・ルッソ他 著 　　　　　【CD2枚付】
四六判 259頁 定価2640円（本体2400円）

イタリア語のドリル 基礎力養成問題集
森田 学 著
B6判 131頁 定価1870円（本体1700円）

イタリア語文法3段階式徹底ドリル
堂浦律子 著 　　　　　　　　　［増補改訂版］
A5判 217頁 定価2530円（本体2300円）

会話・Eメール
留学とホームステイのイタリア語
花本知子 著 　　　　　　　　　【CD付】
四六判 175頁 定価2530円（本体2300円）

Eメールのイタリア語
竹下 ルッジェリ・アンナ／堂浦律子 著
A5判 190頁 定価2420円（本体2200円）

中級
現代イタリア文法 新装版
坂本鉄男 著
A5判 420頁 定価4620円（本体4200円）

慣用句
よく使うイタリア語の慣用句1100
竹下 ルッジェリ・アンナ／秋山美野 著
四六判 200頁 定価3080円（本体2800円）

重版にあたり，価格が変更になることがありますので，ご了承ください．